일하는 사람들의 기후변화

탄소 중립을 위해 그들은
매일 어떻게 일하고 있는가?

탄소 중립을 위해 그들은 매일 어떻게 일하고 있는가?

# 일하는 사람들의 기후변화

**초판 1쇄 발행** 2023년 3월 20일

**지은이** 김정환, 송찬영　**펴낸곳** 크레파스북　**펴낸이** 장미옥
**편집** 정미현, 김용연　**디자인** 김지우　**마케팅** 김주희

**출판등록** 2017년 8월 23일 제2017-000292호
**주소** 서울시 마포구 성지길 25-11 오구빌딩 3층
**전화** 02-701-0633　**팩스** 02-717-2285　**이메일** crepas_book@naver.com
**인스타그램** www.instagram.com/crepas_book
**페이스북** www.facebook.com/crepasbook
**네이버포스트** post.naver.com/crepas_book

ISBN 979-11-89586-62-1(03300)
정가 17,000원

이 도서의 국립중앙도서관 출판예정도서목록CIP은 서지정보유통지원시스템 홈페이지(http://seoji.nl.go.kr)와
국가자료종합목록 구축시스템(http://kolis-net.nl.go.kr)에서 이용하실 수 있습니다.

일하는
사람들의
# 기후변화

글 송찬영·김정환

크레파스북

# 목 차

## Chapter 01.
# 위기에 도전하다
**기후 위기 해결 위해 새로운 길 위에 선 도전자들**

바이든의 3시간,
국가정상의 필수 어젠다가 된 기후변화

2022년 11월 이집트에서 열린 UN 기후변화총회는 코로나 팬데믹과 에너지 위기로 더욱 지체되고 복잡해진 세계 기후변화 대응 노력의 중대한 전환점을 예고한 회의였다. 이런 중요한 회의에 전 세계에서 가장 바쁜 시간을 보내며, 각종 국내외 문제와 씨름하는 미국 대통령의 참석은 언제나 초미의 관심사였다.

같은 달 연달아 열리는 G20 등 각종 정상회의 일정으로 바이든 대통령은 단 3시간 동안 이집트에 체류하며, 기후변화총회에 참석한 각국 대표와 전문가들에게 미국의 대내외적인 기후 리더십을 다시 한번 확인했다. 이 자리에 한국은 대통령을 대신해 명예직 외교부 기후환경대사가 특사 자격으로 참석했다.

누구나 기후변화를 말하고 그 미래를 걱정하게 된 시대, 그렇다면, 공식등록 참석자 3만 3천여 명의 기후변화총회를 일로서 참석하고 있는 각국의 사람들, 그리고 실제로 세계 각국에서 기후변화를 해결하고 탄소 중립을 위해 각 분야에서 매일같이 일하는 사람들은 누구일까?

일로서의 기후변화,
그 일의 정체성(Working Identity)은 무엇일까?

일의 정체성(Working Identity), 세계적인 경영대학원인 런던비즈니스
스쿨의 허미니아 이바라(Herminia Ibarra) 교수는 같은 이름의 책에서,
개인 커리어의 선택과 전환을 위한 일의 정체성 발견은 본인 스스로
의 내적 성찰보다는 오히려 실제 참여와 네트워킹을 통한 변화의 과
정에 가깝다는 것을 여러 실증 사례로 말하고 있다. 즉, 일의 정체성
은 새로운 직업적 환경의 사람들과 소통할 수 있는 기회와 그 과정,
그리고 자신 일의 정체성을 실험해 보는 변화 과정을 통해 진정으로
찾을 수 있다는 것이다.

이러한 변화는 어떤 차원에서든 항상 고민되고, 어렵고, 불확실한
과정이다. 2023년 현재 대한민국에 필요한 변화는 무엇일까?

정체되어 가는 성장과 활력, 쌓여가는 사회적 모순과 이로 인한 사
회와 개인 삶의 부정적인 변화는 어찌 보면 현대의 일상적인 일이 되
었다. 더불어 인구구조의 급격한 변화는 한국의 미래사회 시스템과
개인의 직업 선택에도 더욱 복잡한 숙제를 안겨주고 있다.

그렇다면, 미래 한국 사회의 중추가 될 현재 MZ 세대는 가까운 시

점에 선택하게 될 본인 일의 정체성을 어떻게 발견할 수 있을까? 더욱이 아직 선택해서 경험하지 않은 일이라면. 기후변화는 과학과 기술의 영역뿐 아니라, 경제, 산업, 무역, 사회, 인권, 지정학의 영역이다. 또 그 해결을 위해 우리는 탄소 중립, 녹색 성장, 그린뉴딜, 에너지 전환, ESG 등 여러 새로운 방향성에 도전하고 있다.

『일하는 사람들의 기후변화』. 그래서, 이 책에서는 기후변화 각 분야에 오래도록 천착해 오며, 또 새로운 영역을 개척해 가는 전문가들을 만나 매일의 '일'로서 어떤 생각과 고민을 하고 무슨 일을 실제로 어떻게 하고 있는지 그 일의 정체성을 찾아보고자 한다.

## ChatGPT와 기후변화, 질문하는 인간

최근 인공지능 챗봇 ChatGPT는 인간이 기술과의 관계를 재정립해야 하는 또 다른 중요한 계기를 만들고 있다. 인간보다 뛰어난 인간의 피조물, 곧 그리고 이미 사라져 가고 있는 인간의 역할과 직업. 그럼 인간은 어떻게 그 역할을 재정립해야 할까?

ChatGPT에게 기후변화를 어떻게 해결해야 할지 질문해 보면, 이미 정답이 정해진 것처럼 아주 구체적이고 포괄적인 방안을 나열하고 있다. 그럼 인간이 할 일은 ChatGPT가 알려준 방법을 그대로 실행하면 되는 것일까? 그리고 그 방법이 유일한 정답일까? 어떤 면에서 인간보다 뛰어난 인공지능과 더불어 살아갈 우리는 질문을 잘해야 본인이 원하는 답을 찾을 수 있는 시대에 살고 있다.

그래서, 이 책은 다시 우리만의 질문을 해 보기로 했다. 매일을 기후변화와 탄소 중립을 위해 일하는 12명의 사람들에게.

그들은 기후변화 각 분야에서 혁신하고 기회를 만들고 세계 각국에서 도전하는 사람들이다. 그들이 본인의 일을 하게 된 계기와 그 일의 전망, 분주한 하루 일상에서 어떤 사람을 만나고 소통하는지, 그들이 바라본 2050년 탄소 중립의 가능성과 우리가 지금 해야 할 일, 그리고, 미래 세대에 대한 조언까지.

그들과의 이야기에 더해, 독자 본인만의 질문으로 다시 답을 찾아 나서고, 거기다 창의적 상상력을 더해 볼 때, 곧 다가올 기후변화가 일상인 시대를 현명하게 살아갈 좀 더 나은 방법과 결론에 도달할 수 있을 것이다.

인류세(Anthropocene)를 살아가는
우리 모두가 지켜야 할 지구

 산업혁명 이후 인간의 경제활동으로 인해 지구환경과 기후가 크게
변화됐다는 개념에서 생겨난 새로운 지질시대 개념이 인류세이다.
 사실 실재하는 기후 위기로 나타나는 양상을 거론만 하기에는 시
간이 촉박하다. 점증하는 이상 기후로부터 어떻게 사람들의 삶을 지
켜낼 것인지, 기후변화 완화를 위해 구체적으로 무엇을 어떻게 해야
하는지에 대한 방법과 실천이 필요한 때다.
 청년들을 중심으로 광범위하게 퍼지고 있는 기후 우울증은 아마도
제자리걸음만 하는 국가 기후정책과 대안 없이 현상과 일방의 목소리
만 전달하는 언론 보도, 어른 세대들의 불통에서 비롯되었을 것이다.



 기후변화는 학문적으로는 복합학 영역이다. 자칫 자연과학과 공학
영역에 한정시킬 수 있지만, 사회과학과 인문학, 예술의 영역까지 포
괄하는 범위를 가지고 있다.

실제로 경제학 영역에서는 행동심리학 관점에서 기후변화를 연구하고 있으며, 조형미술을 전공한 예술가들이 기후변화를 주제로 수많은 작품을 세상에 내놓고 있다. 그래서 다른 분야와의 교류를 통한 통합적 사고가 문제해결에 매우 중요한 분야이고, 이 책은 그러한 측면에서 독자들에게 다양하고 통섭하는 계기를 가져다 줄 것이라 생각한다.

이 세상에는 수많은 직업이 존재한다. 1969년 당시 3,260개에 불과했던 직업은 2020년 1만 6,891개로 세분화·전문화됐다(한국직업사전). 기후변화는 AI나 빅데이터 등 4차산업혁명 못지않게, 이 책의 인터뷰이들처럼 현재 다양하고 많은 일자리를 만들고 있다. 향후 양상이 어떻게 전개될지 궁금하다. 이 책이 관련 진로를 고민하는 사람들에게 도움이 됐으면 좋겠다.

2023년
김정환·송찬영

재단법인 기후변화센터는 MZ 세대의 기후 환경 감수성 회복을 위한 소통플
랫폼인 클리마투스 컬리지를 운영하고 있다. 본격적인 기후변화의 시대를 온몸
으로 느끼며 살아갈 미래 세대에게 기후는 그들의 언어이고, 문화이고, 이슈이
다. 그래서 좀 더 많이 알고, 더 느끼고, 적극적으로 행동해야 하는 분야이다. 기
후변화센터 초창기부터 후원자이며 정책위원회 국제분과 위원으로도 활동한
김정환 박사가 일상으로서, 일로서의 기후변화 이야기를 들려주기 위해 책을 펴
냈다. 우리는 매일의 일에 대해 고민하고, 성찰하고, 좀 더 나은 내일을 위해 서
로 지혜를 나누면서, 생활인을 넘어 미래의 그린리더를 지향해야 한다. 그 여정
에 기후변화를 평생의 업으로 삼고 먼저 나아간 분들의 이야기를 들려주는 이
책이 특히 젊은이들에게 나침반이 되길 추천한다.

(재)기후변화센터 이사장, KIST 명예연구원,
전 환경부 장관 _ 유 영 숙

기후변화는 국가안보이자 전쟁보다 중요한 인류 생존의 문제가 되었다. 지
난 20여 년 국내 환경 문제 해결에 앞장서온 환경재단은, 환경은 우리의 문화
이고, 미래 세대를 위한 중요한 교육이며, 다양한 일을 하는 사람들이 연대해야
한다는 취지로 활동하고 있다. 환경재단은 앞으로 스위스 세계경제포럼에 버금
가는 세계환경포럼과 글로벌 환경운동 싱크탱크를 지향하는 에코캠퍼스를 만
들어 기후변화 문제 해결의 중심에 설 계획이다. 스위스 세계경제포럼을 시작으
로 녹색기후기금 등에서 국제적 기후 전문가로 활동한 김정환 박사가 일하는
사람들의 기후변화에 대한 그의 경험을 책으로 엮었다. 앞으로 그린리더로 성
장해 지속 가능한 지구를 함께 만들어 갈 미래 세대에게 추천한다.

(재)환경재단 이사장 _ 최 열

이 책이 흥미로운 점은 21세기 인류 최대 과제인 기후변화 문제를 직접 마주하며 일하는 사람들이 보고, 느끼고, 진단한 기후 위기 이슈의 다양한 이야기를 저널리스틱하게 담았다. 따라서 두 가지 이유로 젊은이들, 특히 대학생들에게 이 책을 권하고 싶다.

첫째, 젊은이들이 인생에서 가장 활동적으로 살아갈 21세기 중반의 기후변화가 정치, 경제, 안보, 문화, 미디어 등 모든 분야에 줄 영향을 마치 지도를 보듯이 종합적으로 이해할 수 있다. 둘째, 기후변화와 관련하여 파생될 일자리를 생각하는 젊은이들에게 정보를 넘어 전망을 파악하게 해 준다.

내일신문 컬럼니스트, 전 한국일보 주필 _ 김 수 종

스위스 다보스 포럼 때부터 오랜 인연을 이어온 김정환 박사가 젊은 세대에게 기후변화에 대한 새로운 시각을 제시하고 있다. 코로나 팬데믹과 글로벌 공급망 위기 속에 더욱 심화된 기후 위기에 대응하는 국민적 온실가스 감축 운동이 절실히 필요한 때이다. 신뢰받고 존경받는 기업, 일하고 싶은 기업을 만들기 위해 고객 및 사람 중심 경영, 평생학습기반혁신 경영, 사회적 책임 경영, 투명윤리 경영을 핵심 경영 가치로 생각해 왔는데 이러한 가치가 기후변화에 대응하는 일에도 그대로 적용될 수 있다는 것이 저자의 시각이다. 앞으로 창업가 정신과 디지털 기술로 준비된 우리의 젊은 세대가 기후 위기에 대한 보다 넓은 시각과 대처방안을 준비하는데 큰 도움이 되리라 믿어 이 책을 추천한다.

뉴패러다임인스티튜트 대표,
실리콘밸리비즈니스포럼 공동회장 _ 문 국 현

기후 위기가 하루하루 우리를 옥죄어 오고 있지만, 이를 해결하기 위해서 우리가 구체적으로 무엇을 했는가를 물어본다면 별로 할 말이 없는 일상을 살고 있음을 고백할 수밖에 없다. 기후 위기가 가지고 있는 다양하고 복합적인 문제는 일상을 살아가는 우리들의 막연한 선의로는 이를 해결할 수 있는 생활에서의 구체적인 방법이 무엇인지를 알기 어렵게 하고, 결국에는 무기력한 상태로 우리를 이끌어가는 것을 경험하곤 한다. 이 책은 이러한 상황에 놓인 각자가 삶의 터전에서 기후 위기를 극복할 구체적인 방법에 대해서 논의하고 있다. 저자의 일방적인 주장이나 지식의 전달이 아닌 대담의 형식을 취하고 있어서 독자가 질문하고 저자가 대답하는 듯하다.

기후 위기를 해결하는 방법에 대해서는 전문가들의 다양한 의견이 있고 많은 시도들이 있으나 궁극적으로는 세상의 근본적인 변화가 필요하고 이러한 변화는 사회의 모든 구성원들이 참여해야 가능할 것이다.

이 책은 사회 구성원들이 각자의 생활 속에서 기후 위기의 중요성을 깨닫고 구체적 실천을 하게 하는 중요한 계기가 될 것이다. 모든 이들에게 추천하고 싶은 책이다.

(사)한국기후변화학회장, 서울대학교 교수 _ 김 호

기후변화는 정치, 경제, 법의 영역이기도 하다. 또한, 글로벌 패권 전쟁의 최전선이다. 대학과 대학원에서 학생들을 대상으로 기후변화 거버넌스, 지속 가능 발전, ODA 등을 강의하면서, 지금 시대를 살아가는 젊은 학생들의 일에 대한 고민과 포부를 가까이서 접하곤 한다.

이제 40여 개국의 회원국을 가진 기후변화 국제기구로 성장한 글로벌녹색성장연구소(GGGI)의 초기 이사회의 민간이사로 활동할 때부터 같이 활동한 김정환 박사 또한 비슷한 고민과 성찰을 바탕으로 젊은 세대에게 일로서의 기후변화에 대한 조언을 주고 있다.

이 책은 에너지, 물, ODA, 금융, ESG, 탄소 거래 등 기후변화와 지속 가능 발전의 여러 전문 분야의 세세한 내면 세계를 잘 보여주고 있다. 기후변화와 지속 가능 발전 분야의 일에 대해 고민하는 미래의 주역들에게 이 책의 일독을 권한다.

고려대학교 국제학부 교수,
(재)서울국제법연구원 기후환경법정책센터(CSDLAP) 소장 _ 정 서 용

# 위기에 도전하다

: 기후 위기 해결 위해 새로운 길 위에 선 도전자들

# 기후변화,
# 글로벌 정치·경제 변화의
# 토대를 마련하다

기후변화 국제 협상 전문가 &
전 기후변화대사 **최 재 철**

By. 송 찬 영

탄소 중립을 이야기하려면 파리 협정을 언급하지 않을 수 없다. 세계 197개 당사국이 채택한 이 파리 협정을 설명하기 위해서는 교토 의정서를, 교토 의정서에 대해 말하기 위해서는 1992년의 UN 기후변화기본협약과 1972년 스톡홀름에서 시작된 일련의 UN 환경 회의를 역사 속에서 불러내야만 한다. 즉, 파리 협정은 다사다난한 협상의 시간 속에서 이루어졌다.

파리 협정과 신기후 체제의 출범. 기후 위기를 극복하기 위한 지난 50년의 역사는 각국의 이익을 대표하면서도 인류 공통의 가치를 실현하려는 위대한 협상가들이 있었기에 가능했다.

최재철 전 기후변화 대사도 그러한 협상가 중 한 명이다. 파리 협정 전후, 우리나라 대표로서 국내 온실가스 감축 목표와 정책을 국제사회에 설득하는 한편, 선진국과 개도국 사이를 중재해 모든 당사국들이 합의할 수 있는 파리 협정안을 도출하는데 기여했다.

최 전 대사로부터 신기후 체제 출범이 있기까지 우여곡절의 국제 협상 과정과 탄소 국경 조정 제도, 탄소세 등의 현안 기후 문제, 그리고 향후 전개될 기후 관련 글로벌 흐름과 기후 관련 시장에 대해 이야기를 들어 보았다.

# 기후변화로 뭉친 각국,
## 파리 협정의 기초를 다지다

기후변화 국제 협상 전문가 최재철 전 기후변화대사는 지난 2019년 7월 외교부를 퇴직했다. 학생들과 함께 이야기하는 기회를 만들고자 서울대, 숙명여대, 연세대, 인하대에서 기후 금융과 탄소 시장, 글로벌 환경 거버넌스 등을 주제로 강의했고, 시민단체인 기후변화센터(재단법인) 공동대표를 맡아 마드리드 기후변화총회(COP25)를 다녀오기도 했다. 2020년부터 국제박람회기구(BIE: Bureau International des Expositions) 의장을 맡고 있고, 탄소 국경 조정 제도와 ESG 관련 기업이나 기관의 강연과 자문에 응하고 있다.

최재철 전 기후변화대사는 UN 차원에서 이루어지는 기후변화 협상과 국제법의 관계에 대해 "기후변화협약 체제는 국제법의 한 분야인 국제환경법에 속합니다."라고 운을 뗐다.

국제환경법은 1972년 스톡홀름에서 개최한 UN 인간환경회의부터 시작해 리우에서 열린 1992년 UN 환경개발회의(지구정상회의)에서 27개 원칙이 채택되면서 국제환경법의 기본 원칙으로 자리 잡게 됐다. UN 기후변화기본협약은 연성법 성격을 지니는데, 그 이유는 당시 국제환경법이 기존 국제법과 같은 맥락에서 해석하기 힘들고, 계속 진화해 가야 하는 상황에 있었기 때문이다.

1988년 IPCC(기후변화에 관한 정부 간 협의체) 설립이 UN 총회에서 승

일하는 사람들의 기후변화

인됐다. 당시 UN에서는 기후변화를 '인류의 공동 관심사'로 정의했다. 1990년에 나온 IPCC 제1차 보고서에 '기후변화 원인이 인간에 의한 것 같기는 하지만 이것을 확실하게 밝히기는 쉽지가 않다. 과학적인 불확실성이 상당히 많이 존재한다'고 언급되자, 이를 바탕으로 1992년 리우 지구정상회의에서 각국 대표들은 '앞으로 회복할 수 없거나 돌이킬 수 없는 환경 피해를 가져올 것으로 예상될 경우 과학적 근거에 불확실성이 있더라도, 비용 효과적이나 사전 선제적 예방 조치를 취하는 것을 방해해서는 안 된다'고 정의했다. 이 결과로 생겨난 것이 환경 정책의 기본이 되는 사전 예방 원칙(Precautionary Principle)이다.

이에 대해 당시 미국은 '그 말은 맞는데, 그게 법의 원칙은 아니다'라고 주장하며, 접근(Approach)으로 표현하자고 제안했다. 그래서 기후변화협약은 사전 예방 접근(Precautionary Approach)을 적용해서, '과학적 근거의 불확실성에도 불구하고, 예측할 수 없고 돌이킬 수 없는 환경 피해(Damage)가 우려되는 경우 비용 효과적이고 예방 조치를 취해야 한다'고 합의되었다.

1992년 리우에서 UN 기후변화협약이 채택되고 1994년 발효하면서 1995년부터 매년 기후변화협약(United Nation Framework Convention on Climate Change) 당사국 총회(COP: Conference of Parties)가 열리고 있다.

1995년에 IPCC 2차 보고서가 나왔다. 과학자들은 기후변화가 인간의 영향(Human influence) 때문이라는 것을 감지할 수 있으며 선진국의 역사적 배출 때문이라고 지적했다. 잘 알려져 있다시피 CO2는 한 번 배출하면 100년 이상 대기 중에 존재 잔류하는데, 당시 통계적으로 선진국 65%, 개도국 35%의 배출 책임이 돌아갔다.

이것이 제1차 당사국 총회에서 '베를린 위임사항(Berlin Mandate)'을 채택하는 배경이 되었다. 2000년 이후의 온실가스 감축 목표에 관한 의정서를 1997년까지 채택되도록 하는 베를린 위임사항에 따라 1997년 교토에서 열린 당사국 총회에서 교토 의정서가 만들어지게 되었다.

교토 의정서 채택 과정에서 기후변화협약이 좌초될 위기를 겪었다지요?

부속서 I 국가들의 감축 의무를 합의하고 기후변화 방지 논의에 새로운 전기를 마련했지만, 교토 의정서가 비용 효과적인 감축을 위해 도입하기로 했던 교토 메커니즘이나, 개발도상국의 의무부담 문제, 흡수원 등에 대한 논란으로 계속 난항을 겪었어요. 교토 의정서를 만들 때, 미국 등 선진국들은 한국, 중국, 멕시코 등 신흥 공업국들도 감축해야 한다는 주장을 내놓았습니다. 이에 중국이나 브라질은 '베를린 위임사항에는 선진국만 하도록 되어 있다'고 반발했지요. 개도국들의 반발로 협상 자체가 깨질 것 같자, 당시 당사국 총회 의장인 아르헨티나의 에스트라다 대사는 전체 회의에서 개도국 조항을 모두 빼버렸습니다. 그렇게 타협이 이루어졌습니다.

당시 미국 정부는 상원 비준이 안 될 것으로 예측했습니다. 개도국의 참여가 없으면 미국은 온실가스 감축 합의는 안 된다는 결의를 했기 때문이지요. 그런데도 클린턴 정부는 1997년 교토 의정서 채택에 합의했고, 부시 대통령은 2001년 이를 거부했습니다.

일하는 사람들의 기후변화

상원 비준을 받을 가능성이 없어서죠. 또한, 미국 경제에 상당히 타격을 줄 수 있다고 판단했기 때문이에요. 당시 미국은 전 세계 온실가스 배출량의 40% 가까이 차지했습니다. 어떻게 보면 트럼프 데자 뷰(Deja vu)가 그때 일어났었던 거죠. 하여튼 미국을 제외한 선진국 대다수가 비준해서 55%의 요건을 맞춰서 발효됐어요.

미국이 비준하지 않았다는 이유로 온갖 것을 요구했어요. 일본은 ODA를 통해서도 감축할 수 있도록 하자고 했고, 러시아는 산림 흡수량을 많이 인정받아 저절로 온실가스 감축이 돼 그걸 시장에 팔 수 있다고 했지요. 그런데 배출권을 살 수 있는 나라가 어딥니까? 미국, 캐나다…. 이런 나라밖에 없는데 캐나다는 목표 달성이 힘들다고 판단하고 탈퇴해 버렸어요. 교토 의정서 1단계 의무 위반국이 되어 지키지 못한 양의 1.3배를 무는 것보다, 차라리 탈퇴하겠다는 것이지요. 주권 국가의 결정이니 개최국 일본 입장은 난감해졌어요. 러시아로서도 배출권을 살 나라가 다 나가버리니까…. 이처럼 우여곡절을 겪은 교토 의정서의 교훈은 탑다운(Top Down: 하향식 의사결정) 식으로 주권 국가들을 속박하면 안 된다는 것이었죠. 그래서 인도네시아 발리 총회(COP13) 때 투 트랙(Two Track) 접근 방식을 도입한 액션 플랜(Action Plan)이 만들어졌어요. 교토 의정서에 따라 온실가스 감축할 국가들은 의정서에 따르고, 개도국들과 미국, 일본, 러시아 이런 나라는 협약에 따라 온실가스를 감축하는 트랙으로 가기로 했어요.

**파리 협정이 이루어지기까지 협상에 어려움이 많았네요.**

2009년 코펜하겐 총회에서는 밀실 합의를 많이 하다 보니까 불만이 쌓였어요. 최종 본회의에서 강경 개도국 한두 나라가 반대하면서 반대 의견이 강해져 합의가 안 됐어요. 2010년 멕시코 칸쿤에서 총회(COP16)가 열렸는데 선·개도국 간의 신뢰 회복을 위한 녹색기후기금 설치 등의 결정이 있었어요. 2011년 더반 결정에 따라 시작된 신기후 체제 협상에서는 탑다운 형태로 하면 안 되겠다고 해서 바텀업(Bottom-Up: 상향식 의사결정) 방식을 혼용한 하이브리드(Hybrid) 방식, 그리고 연성법과 경성법을 결합하는 형태로 가야 하겠다고 해서 파리 협정의 기초가 만들어진 겁니다.

협상 과정에 국제법적인 요소를 고려할 때 국가의 주권을 침해할 소지가 있으면 어떤 국가든 비준을 안 한다고 봤어요. 그러니까 가급적 국가의 주권을 침해하지 않으면서 자발적으로 독려할 수 없느냐를 고려해야 했어요.

또 하나는 과학적 근거로 2014년도에 나온 IPCC 5차 보고서는 '기후변화는 99.9% 인간의 영향 때문이며 기후변화는 이미 진행되고 있다'고 했어요. 2007년을 기준으로 중국이 사실상 세계 최고 제1위 온실가스 배출국이 됐고, 동시에 개도국의 총배출량이 55%가 되고 선진국이 45%로 역전이 되기 시작해요. 거기서부터 개도국 비중은 커지고 선진국은 줄어들기 시작하는 거예요. 그래서 모든 국가들이 함께 참여해야 되겠다는 공감대가 형성된 거죠. 모든 국가가 자율적으로 감축하되 선진국과 개발도상국 간에는 서로 다른 의무가 부과된 겁니다. 이것은 기후변화가 과학영역을 넘어 글로벌 정치·경제를 변화시키는 계기가 되는 것을 의미합니다.

일하는 사람들의 기후변화

# 세계 각국에서 기후변화대사를
# 임명하게 된 까닭

컨벤션(Convention)은 협약, 프로토콜(Protocol)은 의정서, 어그리먼트(Agreement)는 협정으로 번역한다. 국제환경법 발전 과정을 봤을 때, 환경법의 첫 단계는 기본 협약(Framework Convention)으로, 과학적인 불확실성이 높기 때문에, 구체적으로 이런 문제가 생겼을 때 우리가 어떻게 행동할 것이냐는 부분을 논한다.

예를 들어, 오존층 보호를 위한 비엔나 협약이 있다. 1985년에 비엔나 협약이 발효된 뒤, 'CFC(염화불화탄소) 등 오존층을 파괴하는 물질로부터 오존층은 보호되어야 한다'는 목적으로 1987년도에 채택된 것이 오존층 파괴물질 규제에 관한 몬트리올 의정서이다. 의정서를 통해 구체적으로 오존층을 파괴하는 물질인 프레온 가스 종류, 할론 종류 등이 지정되었고 이후 과학의 발달에 따라 계속 신규 파괴물질이 추가되었다. 이처럼 모든 국가들이 같이 행동을 할 수 있는 플랫폼을 만드는 것이 협약이고, 협약을 실질적으로 이행하도록 시행령을 만드는 것이 의정서라고 보면 된다.

그러면 협정은 어떻게 다를까? 의정서가 일종의 시행령에 가깝다면 협정은 협약에 들어가지 않은 새로운 내용도 담을 수 있는 좀 보다 포괄적인 합의 성격을 갖고 있다.

파리 협정은 마지막까지 명칭을 의정서 또는 협정으로 할 것인가에 대한 팽팽한 이견이 있었는데 합의문이 지닌 하이브리드 성격의 포괄적 내용을 담을 수 있는 협정으로 합의되었다. 예를 들어 기후변화협약에는 대기 중의 온실가스 농도의 안정화가 궁극적 목적이라는 내용이 있는데 이것이 파리 협정에는 3가지 목표로 구체화 되었다. '온도 분야에서는 2℃ 이내 1.5℃를 추구한다. 기후변화의 부정적 영향으로부터의 복원력을 높인다. 모든 금융의 흐름을 저탄소 기후 복원력적, 기후 탄력적 발전 경로로 바꾼다' 등의 목표로 구체화 된 것이다.

### 기후변화대사는 어떻게 만들어졌나요?

제가 참여정부 마지막인 2008년 MB정부로 넘어갈 때 2년간 국제경제국장으로 있었습니다. 기후변화, 에너지, 개발 협력, 국제경제와 금융을 담당하는 부서였는데, 개발 협력 분야 업무가 과중했습니다. 그래서 참여정부 때 개발 협력국으로 독립시켰어요. 이후 외교부 장관께 기후 에너지 태스크 포스(TF: Task Force)를 만들어 주십사 보고했습니다. 환경과 단위로는 기후변화 협상을 제대로 할 수 없다고 판단했기 때문입니다. 정권이 바뀌면서 MB정부 인수위원회에서 기후·에너지 TF가 만들어졌지요. 신기후 체제 협상에서 우리의 협상력을 강화하기 위해 기후변화대사를 만들어야겠다고 했습니다. 그와 동시에 중앙아시아, 아프리카 등의 에너지 자원 외교의 강화를 위해서 에너지 협력 벨트 외교를 동시에 수행할 수 있는 고위급 외교관직을 신설해 달라고 요청했습니다. 그전에도 기후변화대사, 환경대사, 생물다양성대사 등을 임무 부여식으로 한 적은 있었어요. 그렇지만 직제에 있는 대사 직은 아니었지요. 인수위에서 상황 판단 후, 기후변화대사와 에너지자원대사를 분리해 두 개의 자리를 만들었습니다. 제가 이때 신설된 기후변화대사를 맡아 2014년부터 2016년까지 2년 반 동안 담당했고, 파리 협정 협상에 참여했습니다.

다른 나라에도 기후변화대사가 있나요?

파리 협정을 협상할 때 전 세계 40개국이 기후변화대사를 임명했어요. 스위스 같은 경우는 환경부 산하에 있었고, 미국은 오바마 정부의 경우 8년간 백악관에 있었어요. 중국은 씨젠화(Xie Zhenhua)라는 분이 기후변화특사를 맡았는데, 환경 장관을 10년 하고 국가발전개혁위원회 부위원장급으로 담당했어요. 남아공은 우리나라처럼 외교부 출신 대사가 합니다. 각각의 국가별로 상황에 따라 임명을 달리합니다.

COP 총회에서 기후변화 국가 간 협상장에는 어떤 분들이 주로 나오나요?

나라별로 수석대표를 누가 맡는지 차이가 있습니다. 전 세계적으로 기후변화의 핵심은 에너지와 직결돼 있기 때문에 산유국은 거의 에너지부가 합니다. 환경부에서는 한두 명 정도, 과학자 이렇게 나옵니다. 우리나라의 대표단은 전 부처를 망라합니다. 대신 협상가가 누가 되느냐인데…. 다양한 상황을 통해 경험을 쌓은 외교관들이 많지요.

저는 국익도 중요하지만, 국격 그러니까 대한민국이 외부에 보이는 모습도 중요하다고 생각해왔습니다. 국제 협상에서 국익 추구에는 성공적이지만 품격이 없다는 평가를 받는 국가들이 가끔 있어요.

국익 최대화는 협상을 통해 우리의 이익을 확보해야 한다는 것을 전제로 합니다. 거기에 합의하지 못했을 때 최선의 대안이 무엇인가도 생각해보아야 합니다. 100% 기대하지 말아야 하고 100%를 추구하지도 말아야 합니다. 서로 중간선을 지키는 게 가장 중요하고 그것이 장기적으로 국익을 최대화하는 것이라고 생각합니다.

파리 협정 협상의 돌파구는 미·중 합의였습니다. 두 나라는 딜 메이커(Deal Maker)도, 딜 브레이커(Deal Breaker)도 될 수 있습니다. 나머지 국가들은 자기들의 행동 반경, 행동 유연성을 확보하느냐 또는 자율성을 확보하느냐 부분을 중요시했습니다. 여러 정치적인 이유로 최근에 미국과 중국 간의 기후변화 대화가 단절됐다는 건 상당히 우려스러운 일입니다. 그렇지만 중국은 중국대로, 미국은 미국대로 기후변화 정책은 꾸준히 추진해 나가고 있는 것은 상당히 좋은 시그널입니다. 그동안 두 나라 모두 우리와는 관계가 상당히 좋았습니다. 특히 저는 중국 협상 차석 대사와 교토 의정서 의무준수위원회에서 같이 활동했고, 대화를 자주 나눴습니다. 중국에서 우리 대표단을 위해 만찬을 마련하면서

77그룹(UN 내 개발도상국 협의체) 이야기도 많이 해주었어요. 미국기후변화특사인 토드 스턴(Todd Stern) 및 부대표와도 수시로 많은 이야기를 했습니다.

우리나라의 위치는 어떻습니까?

미국이 중요하게 이야기한 게 있습니다. '한국이 GCF(Green Climate Fund: 녹색기후기금)를 유치할 때 더 이상 개도국 지위를 추구하지 않는다. 그리고 GCF에 기여한다는 것을 지켜주면 좋겠다'고 말이죠. 우리나라는 2014년에 GCF에 1억 불을 출연했어요. 우리도 국제사회에서 지위나 역량을 감안해서 자체적으로 차별화해 나가겠다, 그리고 기후 금융을 논의할 때도 선진국 개도국 그러지 말고 제3의 카테고리를 만들자는 제안도 했어요. 일부 강경 개도국은 한국이 기후변화협약 체제 하의 부속서 체제를 무너뜨린다고 불만을 표시했지만, 저는 파리 협정 하에서는 부속서 체제가 없어져야 한다고 생각했지요. 선진국, 개도국 양분화 체제로 나뉘어질 경우 한국에도 결코 도움이 되지 않는다고 생각하고 협상에 임했습니다.

# 기후변화 위기 속
## 우리나라의 나아갈 길

그렇다면 기후변화 속에서 우리나라의 역할은 무엇일까. 해외에서는 우리나라가 발표한 2030년 감축 목표를 과연 달성할 수 있을지 궁금해하고 있다. 만약 우리나라가 그것을 이행할 수 있다면, 국제사회에서 상당히 본보기가 될 것이다.

"K팝 등 공공외교 차원에서 지금까지 잘하고 있지 않습니까. 공공외교의 시발점은 1851년 런던에서 개최된 대전시회(The Great Exhibition)입니다. 제가 국제박람회기구 의장을 맡고 있는데, 박람회는 각국의 발전상과 매력 요소 등을 쇼케이스로 보여주는 행사입니다. 우리나라는 지금까지 국제박람회에서 상당히 잘해왔다고 볼 수가 있는데, 최근 열린 두바이박람회에서는 매우 아쉬웠습니다. 외형적으로는 상당히 크고 그럴듯해 보였습니다만, 콘텐츠가 너무 없었습니다. 외형과 내실을 고루 병행하는 것이 중요하고, 이를 위해서는 탑다운 방식이 아니라 내부 토론에 바탕을 둔 많은 준비가 필요하다고 생각합니다."

최재철 전 기후변화대사는 기후 위기 극복을 위해 한·중·일 동북아 환경 공동체를 EU처럼 만들자는 의견을 제시했다. EU가 철강 공동체에서 시작해 EU 연합으로 갔듯, 동북아도 환경협력에서 시작해 공동체로 갈 수 있다고 생각하기 때문이다. 물론 동북아 탄소 시장도 염두에 두었다. 또한, 파리 협정 제6조에 근거한 동아시아 탄소 시장을 만들기 위해 우리나라가 좀 더 활발하게 움직여야 한다고 조언했다.

그는 파리 협정 이후 5~6년의 기간이 매우 중요하다고 언급한 바 있다. 교토 체제가 마무리되고 신기후 체제가 시작될 2021년 이전까지 국가 차원의 준비가 잘 돼야 한다는 의미였다. 더불어 향후 2030년까지 남은 7~8년의 시기가 매우 중요함을 재차 강조했다.

박근혜 정부에서는 프로슈머, 전력시장 개방 등 좋은 아이디어가 많았지만, 실질적 행동이 뒤따라 주지 않았고 목표를 이루는데 너무 큰 저항이 있었다고 분석했다. 한편, 문재인 정부는 비전 제시나 단기적인 측면에서는 좋게 평가할 수도 있지만, 목표를 지나치게 높게 설정하여 실제 이행할 수 있는 기반이 아주 미약했다고 평가했다.


현재의 기후 재난에 대한 선진국의 책임 문제를 어떻게 보아야 할까요?

2022년 여름 파키스탄에서 홍수가 났습니다. 이집트에서 열린 COP27 총회에서도 이 문제는 핵심 논의사항이었지요. 파리 협정 제8조를 보면 손실과 피해 보상 항목이 있습니다. 해수면 상승으로 국가의 존망 위기에 처한 군소 도서국들은 기후변화의 원인을 일으킨 국가나 기업들에 대해 국제적으로 소송을 제기해서 피해를 보상받을 수 있어야 한다는 것입니다. 파키스탄이 엄청난 피해를 입었지 않습니까. 주목되는 것이 파키스탄은 현재 77그룹 의장국이에요. 선진국들이 약속한 2020년까지 1,000억 달러를 모으겠다고 했는데, 현재 한 860억 달러 밖에 못 모았어요. 선진국들은 약속을 안 지키고 왜 개도국에 희생만 강요하느냐 이런 강한 이야기가 계속 제기될 것입니다.

**약속한 1,000억 불 달성이 왜 안 된 건가요?**

제가 봤을 때는 2025년까지도 1,000억 불 조성이 쉽지 않을 것 같습니다. 각국이 코로나 때문에 돈을 엄청나게 쓰고 있는데, 외국 원조로 간 건 별로 없어요. 그런 차원에서 2025년부터 새로운 기후 금융 조성액을 1,000억 불 보다 더 올려야 하는데 진짜 가능할까, 대안은 어떤 걸까라는 점을 저도 고민하고 있습니다.

대안으로 제시되는 것이 바로 탄소 가격제입니다. 결국은 배출량에 가격을 부여해서 기금을 조성하는 수밖에 없지 않을까. 이렇게 하면 국제적으로 합의를 끌어내야 되겠지요. 전체적으로 보면 탄소 가격대를 봤을 때 개도국에서는 톤당 1불, 선진국에서는 톤당 50불 이런 식으로 탄소 가격제가 만들어지는 것도 가능하리라고 봅니다. 그렇게 되면 기후 정의하고 연계가 되겠죠.

배출권 거래제 말고도 탄소세가 도입될 가능성이 높다고 봅니다. 핵심은 글로벌 탄소 가격제를 어떻게 부여할 것인지가 관건이 될 겁니다. 제 생각은 세계 200개국이 넘는 국가가 다 참여하기는 어렵고, 지금 독일이 이야기하는 기후클럽을 만들어서 기후 대응을 위한 자유 무역 협정 방식으로 운영하는 것이에요. G20 국가의 온실가스 배출량 합이 전체 온실가스 배출량의 80% 가량을 차지하기 때문에 가능성이 높다고 생각합니다.


**배출권 거래제와 연관된다면, 파리 협정 6조에서 외부 배출권(국외 감축 사업), 탄소 가격과 연동될 수도 있겠네요.**

그렇습니다. 파리 협정 6조가 상당히 재미있는 조항인데요. 6.2조 자율적 시장 조항은 양국 또는 여러 국가들이 자율적으로 합의해

일하는 사람들의 기후변화

서 할 수 있는 방법, 상응 조정을 통해 이중 계산을 방지하고, 환경 건전성을 보장하는 등 몇 가지 기준을 지키면 된다는 것이고요. 6.4조는 CDM 모형을 발전시킨 건데, 파리 협정 하의 중앙집권적 시스템입니다.

파리 협정 방법론에 의해서 배출권이 만들어졌을 때, 여기서 가격이 창출되는 국제 탄소 시장입니다. 예를 들어 생태농업이라든지 재생에너지 등 각종 분야에서 배출권을 만들 수가 있어요.

이걸 자발적 시장에 활용할 수 있습니다. 그래서 많은 개도국들이 6.4 메커니즘에 근거를 둔 자발적 시장을 조성하기 위해서 노력하고 있어요. 우리의 경우 지금 배출권 거래시장 운영의 투명성이 높다고 볼 수가 없고, 지금까지 CDM 시장의 문을 너무 닫아서 국제적으로 좀 뒤처져 있는 상황입니다. 윤석열 정부에서는 이 분야에 대해서 문을 좀 열었으면 좋겠다고 생각합니다.

탄소 중립 사회로 가려면 1인당 배출량이 2톤 정도 돼야 합니다.
우리나라는 약 14톤 정도 됩니다.

저는 1인당 평균 2톤에 집착할 필요는 없다고 봅니다. 제조업 국가 모델을 우리가 개발 모델로 선택했기 때문이고, 1인당 배출량이 높더라도 철강, 자동차, 반도체 등 우리가 생산하는 에너지 집약적 상품이 다른 국가에 비해 에너지 효율적으로 생산하고 있다고 설명할 수 있으면 됩니다. 대신, 파리 협정 제6조에 의한 공동 협력 사업을 적극적으로 추진해 나가면 되지 않을까 싶습니다.

우리나라 재생 에너지 보급을 막는 가장 큰 요인은 사회적 수용성입니다.
해결할 방법은 없을까요?

먼저 주민들이 마음의 문을 열도록 하는 정성과 정부 정책의 일관성이 중요합니다. 그다음은 혜택이 확실하게 지역주민에게 돌아가도록 해야 합니다. 덴마크 코펜하겐에는 열병합 발전소가 소각 폐기물들을 소각해서 열과 전기를 공급합니다. 거기에는 트레킹 코스, 인공 스키장이 조성돼 있습니다. 200m 정도 거리에 아파트 단지도 있습니다. 이 사람들이 왜 반대를 하지 않느냐 하면, 철저한 투명성을 바탕으로 발생하는 오염 물질에 관한 모든 정보를 공개했기 때문입니다. 또한, 이로 인한 수익은 지역주민들에게 돌아가게 합니다.

파리 협정 당시 기후변화대사,
기후변화 국제 협상 전문가
# 최 재 철

1981~2019년까지 외교부에서 근무한 직업 외교관 출신으로 국제경제국장, 주모로코 대사, 주오이시디 대사, 기후변화대사, 주덴마크 대사를 역임하고 2019년 7월 1일 퇴직했다. 2020년부터 프랑스 파리에 본부를 둔 국제박람회기구(BIE)의 의장으로 선출되어 재직 중이다.

직업 외교관으로 30여 년간 국제 환경 문제와 개발 협력 분야에서 근무한 경험을 바탕으로 퇴직 후 최근까지 인하대 지속경영대학원, 서울대 환경대학원, 숙명여대 대학원, 연세대학교, 국립외교원 등에서 후학들을 지도했다.

재단법인 기후변화센터 공동대표(2019.12~2022.12), 사단법인 국제 생태농업네트워크 이사장(2021.3~2022.11), 탄소중립미래사회 대표(2021.3~2022.11) 등으로 활동하면서 기후 위기 대응과 자발적 탄소 시장 출범 등을 위해 노력하고 있다. 기후변화에 관한 파리 협정의 협상, 채택 및 비준 과정에서의 외교 경험을 바탕으로 『환경외교의 길을 걸었던 외교관의 기후협상일지』(2020년 6월) 출간했다.

# 온실가스 감축을 위한
# 탄소배출권 거래로
# 환경과 경제를 아우르다

한국기후변화연구원 탄소배출권센터장
**이 충 국**

**By. 송 찬 영**

*"Trade greenhouse gas emission rights."*
*건강한 탄소 시장은 똑똑한 플레이어(Player)가 만든다.*

설화 속 봉이 김선달은 대동강 물을 팔아먹은 이로 기억된다. 이야기 속 대동강은 모든 사람이 이용하는 '공공재'이자 대가를 내지 않고 공짜로 얻을 수 있는 '자유재'이다. 이것을 돈을 받고 파는 '경제재'로 둔갑을 시켰으니, 사람들은 그를 희대의 사기꾼이라 불렀다.

급속한 산업화에 따른 각종 환경오염은 물뿐만 아니라 공공재이자 자유재인 햇볕과 공기마저도 사서 이용해야 하는 시대를 만들고 있다. 이제는 '김선달 다시 보기'라도 해야 할 판이다. 특히 기후변화를 초래하는 온실가스 배출은 지역 환경 문제를 뛰어넘어 초미의 글로벌 환경 문제가 되고 있다. 파리 협정(2015)을 계기로 국가 경제 문제로도 폭넓게 확산되고 있다.

탄소배출권 거래는 이러한 기후변화에 대처하기 위해 국가 단위로는 우리나라가 EU 다음으로 세계 2번째로 도입해 시행하고 있는 제도이다. 온실가스를 배출할 수 있는 권리를 시장경제 시스템에 적용해 국내외적으로 사고팔 수 있도록 함으로써, 온실가스 감축은 물론 감축 기술 개발 등으로 경제 성장도 도모하겠다는 취지이다.

그럼 배출권은 도대체 어떤 것이기에 환경과 경제 두 마리 토끼를 잡는다는 것일까? 그 안에서 뛰는 선수들은 누구이고, 앞으로 운동장(시장) 규모는 얼마나 커질 것이며, 선수 조달은 어떻게 이루어질 것인가.

# 국제온실가스 감축 활성화를 위한 선택, 탄소배출권 거래

배출권 거래 제도가 이행된 지 7년이 지났다. 배출권은 온실가스를 배출할 수 있는 권리를 말하는데, 1년 단위로 본인이 배출한 총량에 상응하는 배출권을 정부에 제출해야 한다. 이에 배출권이 남는 사람은 팔고 부족한 사람은 구매하는 거래 시장을 탄소 시장이라고 한다.

7살이 된 배출권 거래 제도는 아직도 제도의 안정화를 위해서 많은 연구가 필요한 상황이다. 또한, 최근 국제사회의 파리 협정 발효에 따라 우리나라의 국제온실가스 감축 제도를 활성화하기 위한 제도 개발이 필요하다.

탄소배출권은 장내 시장과 장외 시장에서 거래된다. 장내 시장은 한국거래소(KRX) 계정을 가지고 있는 사람들이 호가를 제출하고, 경쟁 매매를 통해 주식 거래하듯이 거래하는 시장이다. 장외 거래 시장은 장외에서 A사와 B사가 서로 계약 관계에 따라서 계약서를 작성해서 배출권을 거래하는 시장을 말한다.

우리나라 배출권 거래 시장의 약 40% 이상이 장외에서 거래된다. 상당 부분의 배출권이 기업 간 거래로만 진행되고 있다는 것을 뜻한다. 그래서 가장 큰 이슈 중 하나가 장외 거래를 축소하고, 장내 거래를 활성화하는 것이다.

장내 거래는 경쟁 매매와 협의 매매로 나눠진다. 경쟁 매매는 주식처럼 호가를 제출해 경쟁적으로 매매하는 것이고, 협의 매매는 지역 내에서 기업 간 협의를 통해 거래하는 것이다. 장내 거래는 10시에서 12시까지 거래를 진행하며, 단일가 매매는 협의 매매를 의미한다. 매매 최소 단위는 $CO_2$ 1톤 기준이다.

탄소배출권에도 종류가 많다. 예를 들면, KAU21부터 25까지 5가지 종류가 있고, KCU, KOC도 있다. 현재 배출권 거래 시장에서 총 10여 개의 배출권 또는 온실가스 감축 상품이 거래되고 있다.

주식 시장에서 어떤 회사의 주식을 살 것인가를 잘 판단해 구매하듯, 배출권 거래도 제도 안에서 어떤 배출권을 살 것인가 잘 결정해야 한다. 배출권마다 사용할 수 있는 유효기간이 존재하고, 최대 사용비율도 다르다. 이에 기업의 특성에 따라서 최적화된 배출권, 감축 실적을 구매하고 전략적으로 사용하는 것이 무엇보다 중요하다.

국제 탄소 시장과 탄소배출권에 대해 추가 설명하자면, 국제 배출권 시장은 크게 배출권 거래 제도 등을 기반으로 한 규제시장과 기업의 탄소 중립 등을 목적으로 활용되는 자발적 시장으로 나뉜다. 두 시장은 다시 할당량 시장과 프로젝트 시장으로 각각 분류된다.

할당량 시장은 정부 또는 지자체 단위의 의무 배출권 거래 제도 등 정부로부터 배출 허용량에 상응하는 배출권을 부여받아 거래하는 시장을 의미한다. 대표적으로 유럽연합의 배출권 거래 시장과 우리나라의 배출권 거래 시장이 있다.

프로젝트 시장은 자발적으로 온실가스 감축 사업을 추진하고 제도 운영 기관으로부터 감축 실적을 인증받아 거래하는 감축 실적 거래 시장이다. 대표적으로 CDM(청정개발체제), 우리나라의 외부 사업 등의 제도를 통해서 인증받은 실적이 거래되는 시장이다.

우리나라의 KAU(할당 배출권) 가격은 1만 8,750원이다(2022년 11월 기준). 이때 KAU22의 K는 KOREA 즉, 한국에서 발행하는 배출권이라는 의미다. A는 정부로 받은 할당(Allowance) 받았다는 의미로 U는 단위(Unit)이며, 22는 배출권의 이용 연도를 의미한다.

KCU(상쇄 배출권)라는 배출권도 있는데, 외부 사업을 통해 얻은 배출량을 인증위원회 심사를 거쳐 인증받은 감축 실적(KOC)을 배출권으로 전환한 것을 말한다. 여기서 C는 감축 실적(Credit)을 의미한다. 그리고 자발직 상쇄 제도에 등록된 온실가스 감축 사업을 통해서 정부로부터 인증받은 실적을 KOC(감축 실적)라고 말하며, O는 상쇄한다(Offset)는 뜻이고, C는 감축 실적(Credit)을 의미한다.

우리나라 2021년 온실가스 배출량이 6억 7,960만 톤입니다.
온실가스 1톤은 어느 정도인가요?

빌딩에 풍선처럼 띄운 애드벌룬 아시죠? 여기에 이산화탄소를 가득 채우면 1톤가량 됩니다. 그리고 우리 가정에서 1년 동안 배출하는 평균 온실가스 배출량이 3.5톤 정도입니다. 우리나라가 1년에 배출하는 7억 톤의 온실가스는 매우 큰 배출량으로, 우리나라는 전 세계에서 8번째로 이산화탄소를 많이 배출하는 국가이기도

일하는 사람들의 기후변화

합니다. 이산화탄소는 대표 온실가스이고, 이밖에도 메탄, 아산화질소 등 6개 온실가스가 있습니다. 온실가스마다 온실효과가 다른데, 이산화탄소를 1이라고 기준으로 하여 가스별 지구 온난화 지수를 곱해서 온실가스 배출량으로 환산하고 있습니다. 그래서 배출량을 얘기할 때는 톤이라는 단위 뒤에 상당량이라는 'eq'를 붙여야 정확한 표현입니다.

배출권을 사고팔 수 있으니, 기업 입장에서는
정부로부터 할당을 잘 받던지, 기술 개발을 통해 배출량을 줄여서
남는 배출권을 팔아 수익을 올릴 수 있는 기회를 가질 수 있겠네요.

배출권 거래 제도는 돈 버는 제도로 만든 것이 아니라 비용 효과적으로 온실가스를 감축하기 위해 만들어졌어요. 내가 우리 공장에서 $CO_2$ 1톤을 줄이는데 10만 원이 드는데 5만 원짜리 배출권을 구매하면, 더 적은 비용으로 목표를 달성할 수 있겠지요. 내가 다른 곳에 투자해서 더 적은 비용으로 배출권을 확보할 수 있다면 그 자체로써 비용 효과적으로 온실가스를 감축할 수 있습니다.

비용 효과와 시장경제 이 두 단어가 배출권 거래제의 핵심 개념입니다. 누군가 산다는 것은 반대로 누군가는 판다는 뜻이잖아요. 온실가스를 많이 줄인 기업에게는 부가적인 보상을 해주는 것이라고 할 수 있겠죠. 그런 의미에서 기업이 수익을 창출할 수 있다고 할 수 있습니다. 정부는 배출권 할당량을 올해는 5.6억 톤, 내년은 5.4억 톤, 이런 식으로 줄여가면서 국가 총배출량을 명확하게 줄여 갈 수 있습니다.

배출권 거래제로 포스코는 2020년 245억 원 수익을 냈습니다.
그밖에 할당 받은 기업 상당수가 수익을 내고 있는 것으로 추정되고 있어요.

그런 기업이 많습니다. 기술 개발 노력의 결과로 받은 곳도 있지만, 과거 배출량이 상당히 많았다가 다른 요인으로 배출량이 줄어서 배출권이 남은 기업도 있어요. 정부가 배출권을 할당할 때 최근 3개년도의 평균값을 기준으로 줍니다. 그 기간 유독 활발했던 업종이 있어요. 그 기업들은 그때가 최고 호황이었던 거예요. 그 기준으로 할당을 받았다가 최근 코로나19 상황 등으로 생산량이 감소함에 따라 배출권이 남는 기업이 있습니다.

우리나라 배출권 거래 제도에 대략 600여 개 이상의 기업들이 참여하고 있는데, 배출권을 판매한 기업이 300개가 넘어요. 포스코 같은 경우는 할당을 잘 받은 것이라고 봅니다. 포스코는 우리나라 전체 배출량의 10%를 넘게 차지합니다. 제도적 한계라고 보면 될 것 같아요. 장기적으로 배출권의 할당 방식 등의 변경을 통해서 과거 배출량 기반이 아닌 온실가스 배출 효율을 기반으로 할당 방식이 변경되면 이런 문제는 해결될 수 있을 것으로 생각됩니다.

절반의 업종은 산업 활동이 위축됐다고 볼 수 있고
다른 한쪽은 그만큼 활발했다고 볼 수도 있겠네요.

절반의 기업이 배출권을 구매한 것이 아니에요. 배출권을 구매한 기업은 발전사, 석유 회사, 철강 회사 등 일부의 온실가스 다 배출 기업입니다. 작년 우리나라의 배출권 거래 금액은 1.3조입니다. 이 금액은 수백 개 기업이 산 게 아니라 100개 미만의 기업이 구매한 것으로 파악됩니다. 대부분의 배출권은 우리가 알고 있는 대기업을 중심으로 구매가 이루어집니다. 가장 많이 구매하는 곳은 발전사로 약 7,000억 정도를 구매하죠.

그렇죠. 그런데 코로나19 상황을 아무도 예측 못 한 거예요. 코로나19가 없던 시절의 배출량을 기점으로 배출 허용량을 할당했기에 지금의 배출권이 잉여되는 상황이 발생한 것입니다. 정부에서 배출권 할당 계획에 대한 수정 노력이 필요합니다. 제도는 경제 상황이나 국제이슈 등을 기반으로 해서 다듬어져 가야 하고, 조정할 수 있어야 합니다.

이 기간 동안 우리나라는 배출권 가격이 4만 2,000원에서 1만 8,000원으로 떨어졌습니다. 유럽연합은 90유로에서 70유로로 떨어졌어요. 절반 정도가 팔아서 수익을 남겼고, 나머지는 그 배출권을 사야 하는 그런 상황입니다.

# 저탄소 사회로 전환,
# 탄소 배출 권리를 사고파는 사람들

이충국 한국기후변화연구원 탄소배출권센터장은 자타공인 국내 최고의 배출권 전문가이다. 본 업무는 온실가스 감축, 온실가스 배출권 관련 제도와 정책 그리고 국내 활성화 모델 개발 연구이다. 특히 남북 온실가스 감축 협력을 비롯, 국제 감축 사업에 깊이 관여하고 있다. 또한, 국내외 온실가스 감축 사업의 방법론 개발의 독보적 승인 실적을 보유하고 있는 전문가이다.

2002년 한국에너지기술연구원에 입사한 뒤 산업부의 자발적 온실가스 감축 제도 개발 연구를 계기로 20년 동안 기후변화와 온실가스 감축 연구를 수행하고 있다. 20년 동안 한 분야의 연구를 해왔지만, 기후변화는 매우 어려운 분야라고 한다. 환경·법·금융·통상 등 알아야 할 것들이 너무 많기 때문이다.

그는 배출권 거래 시장이 건강하게 돌아가기 위해서는 거래가 활발해져야 한다고 강조한다. 활발한 거래가 이루어지려면 배출권의 전략적인 매매가 필요하다. 예를 들어 '오늘 좀 싸네'라는 판단이 들면 조금 샀다가 내일 조금 팔아야 한다. 그런데 우리나라 기업은 대체로 부족할 때 사고 남으면 파는 1차 거래밖에 하지 않고 있다. 배출권을 전략적으로 구매하고 판매하는 거래가 이루어지지 않는 것이다. 이렇게 되면 시장 규모가 커질 수 없다.

배출권과 관련한 전문인력을 보유하고 있는 기업은 20~30개 밖에 되지 않는다. 크게 범위를 넓혀 100개 기업이라고 가정하더라도 나머지 500여 개 기업들은 기존 환경이나 에너지 업무를 담당하는 직원이 배출권 업무까지 담당하고 있는 상황이다. 배출권에 대한 전문 지식이 없다 보니 부족하면 사고, 남으면 파는 단순 거래만 가능한 것이다. 특히 중소기업·중견기업들이 이런 측면에서 피해를 보고 있는 경우가 있다. 대부분 가장 비쌀 때 사고, 가장 쌀 때 파는 경우가 많기 때문이다. 기업에서 배출권 담당자는 2년 단위로 바뀌는데, 교육을 받을 수 있는 정례적인 프로그램은 하나도 없는 상태다. 관련 세미나 등에서 정보를 얻으려 해도 상당히 전문적이고, 따라가기도 어려운 게 현실이다.

최근 한국기후환경원에서 기초과정을 알려 주고 있는데 정부에서 보다 적극적으로 관련 교육을 지원하면 좋을 것 같다는 것이 이충국 센터장의 의견이다. 또한, 기업이 전문가를 채용했을 때 인건비 부분을 일정 보조해 주는 식으로 고용 창출 제도와 연계하면 좋겠다는 조언도 제시했다. 담당자는 무조건 배출권 거래 관리사 자격증을 보유하도록 하는 것도 한 방법. 탄소 시장을 건강하게 그리고 효율화시키기 위해서 중요한 것은 참여하는 플레이어(Player)를 똑똑하게 만드는 것이다.

민간 자본 중에서 온실가스 감축 비용이 적게 들어가는
다른 나라 감축 사업에 투자하고, 거기서 배출권을 발행받아
배출권 거래 시장에서 판매하는 경우도 많더군요.

정말 여러 기업들이 뛰어들고 있어요. 우리나라만 해도 적극적인
기업이 20개가 넘습니다. 국내에는 온실가스 1톤 감축하는데 최
소 10만 원 이상 들어갑니다. 그 이하의 감축 기술이 거의 없어요.
배출권 가격보다 투자비용이 비싸면 누가 투자를 하겠습니까.
ESG와 연계된 감축 지원 사업 특히 해외에 가면 매립장의 메탄
저감 사업, 식수 정수 사업 등 비용이 적게 들어가는 사업들이 매
우 많습니다. 특히 쿡 스토브[01] 사업 등은 온실가스 1톤을 줄이
는 데 약 1만 원 정도밖에 안 든다고 알려져 있습니다. 거기서 저
렴하게 온실가스 감축 실적을 얻어서 국내 시장에서 몇 배의 수
익을 내고 파는 것이죠.
이렇게 해외에서 획득한 배출권을 통해 수익을 창출하는 회사가
많이 있습니다. 현재 우리나라 배출권 거래 규모가 연간 1.3조
원 정도예요. 다시 말하면 1.3조 원의 배출권을 누군가가 사고팔
았다는 얘기거든요.

01　이재형이 〈자원·환경경제연구〉(2021)에 게재한 '배출권 가격 불확실성을 고려한
　　고효율 쿡 스토브 보급사업 실물 옵션 연구'에 따르면 이 사업은 개도국에서
　　나무 땔감, 숯을 주 연료로 한 취사도구를 금속, 시멘트, 진흙 등으로 제작 보급해,
　　바이오매스 및 화석 연료 절감을 통해 온실가스 감축, 공기 질 개선에 기여하고 있다.
　　전자신문(2019)에 따르면 SK텔레콤은 11개 관계사와 함께 미얀마에
　　쿡 스토브 432만 대를 보급한 것으로 알려졌다.

국외 감축은 다른 나라 기업들도 해당 될 텐데요.
그렇게 해서 감축할 수 있는 전 세계 온실가스 배출 감축량은 어느 정도 될까요?

세계적으로 감축 잠재량을 파악하기는 불가능해요. 현재 UN에서 시행한 온실가스 감축 제도인 청정개발체제(CDM)에 등록한 사업의 온실가스 감축량이 20억 톤이 넘습니다. 그리고 우리나라의 경우 쿡 스토브, 식수 정수 사업 등 해외에서 감축한 온실가스 감축량이 2025년까지 1억 톤이 넘을 것으로 예상됩니다.

기업들이 재생 에너지를 국내에 설치해서 얻는 배출권보다 훨씬 싸네요.

비교하기에는 성격이 좀 다른데, 재생 에너지 태양광 1메가와트(MW)를 설치하면 1년 동안 600톤 밖에 안 줄어요. 톤당 저감 비용은 적어도 20만 원이 넘지요. 쿡 스토브와 비교하면 20배 차이가 나는 것이죠. 재생 에너지는 REC 인증 제도도 있고, 기업의 RE100 필요성이 있어요. 배출권만으로 비교하면 좀 무리죠.

수익성이 높다면 많은 기업들이 관심 가질 텐데요.
외부 사업을 하고 싶은 기업은 어떻게 해야 할까요?

외국에 나가 투자한다는 것은 엄청난 리스크가 있어요. 나름의 노하우와 전문성도 필요하지요. 지금 당장 내부적으로 전문성을 길러 사업을 발굴하고 추진하기는 힘들 겁니다. 차라리 관련 협력사를 선정하거나 전문 기관과 함께 지분 참여 등의 방법으로 진출하면 좋을 것 같아요. 최근 증권사들이 배출권 거래 시장에 들어오면서 투자 펀드가 만들어지고 있어요. 그런 펀드에 참여하거나, 아니면 관심 있는 투자자들이 모여서 SPC(특수목적법인)를 별도로 설립해서 추진하는 방법도 있겠지요.

2021년부터 시작한 신기후 체제에서 할 수 있는 외부 사업과
이전 CDM과는 어떤 차이가 있을까요?

CDM 제도는 교토 의정서에서 할당 받은 국가(선진국)가 할당 받
지 않은 국가(개도국)에 투자하고, 그 나라에서 주는 배출권 실적
을 할당 받은 국가의 감축 목표로 쓸 수 있도록 해주는 제도였
어요. 선진국 개도국, 국가별로 기후변화 책임을 차별화한 거죠.
파리 협정은 모든 국가가 온실가스 감축에 참여해야 합니다. 따
라서 신기후 체제는 어느 국가이든 국가 간 협력을 통해서 온실
가스를 감축하는 체제라고 할 수 있습니다.

제도 밖에서 가져오는 배출권을 인정받기 쉽지 않겠네요.

배출권은 내가 만드는 게 아닙니다. 내가 한 사업을 누군가의 평
가를 통해 획득하는 겁니다. 그렇기 때문에 내가 아무리 좋은 사
업을 해도 제도권에서 인정하지 않는 사업이라면 배출권을 받을
수 없어요. 그래서 내가 어떤 투자를 한다고 했을 때, 그 사업이
어떤 제도 권역에서 온실가스 감축으로 어떻게 인정 해주고 어떠
한 절차를 따라야 되고 어떠한 요건에 맞춰야 하는지 명확하게
이해하고 설계해야 합니다. 가령, 우리가 태양광 발전 설비를 설
치한다고 했을 때, 과거에는 태양광 발전에서 전력 생산량이 중
요하지 않았어요. 송전량만 중요했지. 하지만 이제는 사업을 하
려면 이런 모니터링과 관련한 계측장치, 설치 위치들이 다 맞아
야지만 배출권을 받을 수 있어요.

외부 사업은 근본적으로 한계가 있어요. 할당 받지 않은, 규제 받지 않은 곳에서 온실가스 감축을 하고, 감축한 배출권을 할당 대상 업체가 구매해 온실가스를 더 배출하는 형태입니다. 결국, 규제받지 않는 곳에서 1톤을 줄이고, 규제받는 기업이 실적을 구매해서 1톤을 더 배출하면 제로섬 게임이 돼버리는 것이죠. 그런데 이런 개념에만 너무 집착하면 외부 사업은 필요 없는 제도가 돼요. 외부 사업은 국가 전체적으로 저탄소 사회로의 전환을 이끌어내는 역할을 수행합니다. 점진적으로 온실가스 감축 기술이 보편화 될 수 있게 확장되고 상업화될 수 있는 기반을 만들어 주지요. 과거에는 이러한 기술들이 주목받지 못했지만, 추가적인 배출권이나 인센티브를 받으면서 더 많이 확대될 수 있죠. 국가 경제가 활성화되는 측면도 있어요.

배출권도 경매가 가능하다면서요?

정부가 경매하는 거죠. 경매시장이라는 개념보다는 경매 제도가 맞을 듯하고, 한국거래소에서 합니다. 경매 참여는 아무나 하는 게 아니라 배출권 할당을 받을 때 유상 할당을 받는 업종이 있거든요. 현재 특정 업종의 경우 3% 유상 할당을 하고 있어요. 유상 할당 받은 사람들만 경매에 참여해서 저가 순, 고가 순으로 경매를 해서 배출권을 구매하는 제도예요. 오픈된 시장은 아닙니다.

탄소 국경 조정 제도 이야기가 나오면서 배출권 거래제가 우리 기업에
도움이 될 것이라는 예상이 나오고 있어요. 어떻게 도움이 될까요?

우리나라는 지금 전체적으로 무상 할당을 주고 있어요. 이 말은
탄소 비용을 지불하지 않고서도 배출권을 받고 있다는 겁니다.
탄소 국경 조정 제도는 제품 1톤을 생산하는 데 탄소 비용을 얼
마나 지불했느냐를 평가합니다. 100% 무상 할당으로 탄소 비용
을 지출하지 않았는데, 이용할 수 있을까요. 저는 잘 모르겠어요.
다만 배출량을 산정하려면 검증도 해야 하고 정확한 온실가스
인벤토리도 있어야 하지 않을까요. 우리나라 기업들은 이미 배출
권 거래 제도에 참여하고 있기 때문에 명세서나 통계 등은 명확
하게 관리되고 있어요. 유럽연합에서 우리 데이터를 신뢰할 수 있
는 장점은 분명히 존재할 겁니다. 그러나 현재 형태라면 기업의
비용적인 측면에서는 큰 효과는 없을 것이라고 봅니다.


온실가스 배출량 감축을 위한 파트너로 북한은 대단히 중요한 것 같아요.
성사된다면 북한으로부터 배출권을 어느 정도 가져올 수 있을까요?

북한의 온실가스 관련된 연구를 5년째 하고 있어요. 북한은 교토
의정서에 우리보다 먼저 가입 했을 정도로 적극적이에요. 2030
NDC 차원에서도 자체적인 감축률이 16%, 다른 국가들이 지원
하면 36%까지 더 줄이겠다고 했어요. UNFCCC에 제출한 보고
서를 보면 사업 항목, 사업명, 소요 예산까지 다 제시하면서 도와
달라고 얘기하고 있습니다.
하지만 대북제재 탓에 아무것도 할 수가 없는 상황이죠. 만약에
그것이 해결된다면 제 생각에는 최소한 10년간 1억 톤, 최대 3억
톤 정도까지 감축 실적을 가져올 수 있다고 생각합니다.

## 규제보다 자발적 참여,
## 온실가스 감축 위해 뜻을 합칠 때

최근 여러 국가들이 배출권 거래 제도와 탄소세를 병행해서 추진하고 있다. 그 이유는 국가마다 온실가스를 감축해야 하는 양이 늘어나고 있는 상황이라 기업에게 부과할 수 있는 수준이 한계에 이르렀기 때문이다. 기업이 더 이상 못 줄이면, 민간이 담당할 수밖에 없다. 하지만 민간이 배출권 거래 제도에 직접 선수로 참여할 수 없으니, 탄소세를 적용해 민간 부분의 온실가스 감축을 유도하겠다는 것이다.

우리나라의 경우 배출권 거래 제도나 목표 관리 제도에 참여하고 있는 기업들의 온실가스 배출량을 다 합치면, 국가 전체 배출량의 73%가량 된다. 즉, 나머지 27%는 비규제 영역에서 발생하고 있다는 뜻이 된다.

"탄소세 논의가 전 정부에서도 있었고 이번 정부에서도 아마 이야기가 나올 것이라고 생각해요. 하지만 조세 저항이 있을 것으로 예상되기 때문에 선택하기는 쉽지 않을 겁니다. 하지만 장기적으로는 어떤 형태든지 점진적으로 탄소세가 도입될 것이라고 예상합니다."

우리나라에서도 이미 소극적으로 탄소세를 시행하고 있다. 전기 요금 고지서를 보면 환경 요금이라는 게 있다. 발전사가 배출권 거래 제도에 대응하기 위해 구매한 배출권 비용을 전기 요금에 부과해서 국민들한테 걷고 있는 것이다.

탄소 시장에 일반 국민들이 적극적으로 참여할 수 있는 길을 열면
좋지 않을까 하는 생각을 해봅니다.

그게 자발적 탄소 시장입니다. 말 그대로 자발적이거든요. 규제
시장이 아니다 보니 정부가 관여하는 시장이 아니에요. 예를 들
어 기업들이 ESG를 위해 민간에서 줄인 온실가스 감축 실적을
활발히 구매한다면 자발적 시장이 커지겠지요. 지금 전 세계적으
로 보면 규제시장보다 자발적 시장 규모가 더 큽니다. 국가 온실
가스 감축 목표 달성을 위해서라도 매우 중요한 전략이라고 봅
니다.

최근 가상 자산에 젊은 세대들 관심이 많은데요.
탄소 시장과 가상 자산 시장을 연계할 수 있는 방법은 없을까요?

몇 년 정도 전부터 배출권을 코인으로 만드는 작업이 있었어요.
실제로 45개 정도가 만들어졌는데, 현재 거래되는 코인은 없는
것으로 알고 있습니다. 가상 자산은 가상이에요. 인류에 없었던
거잖아요. 눈에 보이지 않아요. 배출권이라고 하는 것은 기본적
으로 현물시장 기반이에요. 제 생각에는 배출권을 코인으로 만
들어 거래한다는 것은 상당히 위험하다고 봅니다. 배출권은 소
멸되는 반면, 가상 자산은 소멸되지 않아요. 올해 배출권은 내년
에 소멸시켜야 하고, 내년 배출권은 내후년에 소멸시켜야 해요.
유효기간이 존재합니다.

온실가스 배출 분야에 들어오고 싶은 사람들,
특히 청년 세대에게 어떤 준비가 필요한지 조언해 주세요.

직업을 가질 때 미래의 불확실성은 항상 존재합니다. 일반적으로

누구나 크게 고민하는 부분은 두 가지로 나눌 수 있을 것 같습니다. 내가 지금 하는 일이 미래에도 지속적으로 나의 삶을 지속시킬 수 있을까. 또 하나는 내가 보람을 느낄 수 있고, 내 적성에 맞는 일인가입니다.

기후 관련 업무는 지구의 기후 환경을 좋게 만들기 위한 업무이므로 분명 보람이 있을 거예요. 특히 배출권 거래 관련 업무는 제도를 개발하거나, 개발된 제도를 이용해서 실질적으로 온실가스 감축을 하는 것이죠. 배출권 거래를 통해 경제적 수익을 창출할 수도 있어요. 저는 기후변화 관련 산업이 일의 만족도나 개인의 전문성을 높이는 영역, 미래의 안정성 면에서 전망이 밝다고 생각을 합니다. 저뿐만 아니라 많은 사람들이 동감합니다.

기후변화 영역은 특별한 전공이 없습니다. 모든 산업 분야에 기후변화가 해당되니까요. 에너지, 농업, 법률, 금융 등 모든 분야를 다 포괄해야 합니다. 본인 적성에 잘 맞는 메인을 선택하고, 복수전공으로 기후변화를 전공하면, 가장 좋은 전공 모델이 아닐까 싶어요. 철강 업체도, 석유화학 업체도 기후변화를 담당하는 사람이 필요하거든요. 대학원에서 기후변화를 각 영역별로 공부할 수 있으므로 진학할 수도 있고, 직장을 다니면서 공부를 병행할 수도 있습니다.

이충국 센터장과의 인터뷰 이후 다른 배출권리가 있는지 찾아보았다. 정부에서는 각종 환경 규제를 통해 환경관리를 하고 있었는데, 대기 오염 물질 총량 관리 제도를 2008년부터 실시하고 있었다.

미세먼지 전문가 윤용희 박사에 따르면 이 제도는 질소산화물(NOx), 황산화물(SOx), 먼지(TSP)를 관리대상으로, 사업장마다 이들 오염 물질의 배출 할당량을 주고 관리하는 것이다. 할당량을 초과할 경우 사업장에 총량 초과 과징금을 부과하고, 준수할 경우 배출권 거래를 통해 온실가스 배출권의 장외 거래처럼 잔여 할당량을 판매할 수 있다.

현재 국내 정책은 대기 오염 물질과 온실가스를 따로 관리하고 있으나, UN 기후변화협약(UNFCCC)은 이들 주요 오염 물질을 간접 온실가스로 규정하면서 두 물질의 연관성과 통합관리 필요성을 강조하고 있는 상황이다. 윤 박사에 따르면 대기 오염 물질과 온실가스를 같이 배출하는 특성이 있어 현재 통합관리방안이 적극적으로 논의 중인 것으로 전해졌다.

일하는 사람들의 기후변화

한국기후변화연구원 탄소배출권센터장

# 이 충 국

2002년 한국에너지기술연구원에 입사하여 우리나라 첫 온실가스 감축 제도인 자발적 온실가스 감축 제도를 개발했다. 이후 온실가스 감축 실무경험을 위해 일반 기업 연구소에서 기후변화팀장으로 4년간 재직하면서 기업의 실무를 경험하였다.

2009년 한국기후변화연구원이라는 공적연구기관에 입사하여 온실가스 감축 제도, 방법론, 탄소 시장 등을 중심으로 정책 개발과 모델 개발 연구를 수행하고 있다. 현재 세종대학교의 겸임교수로 활동하고 있으며, 산림청, 통일부 등의 정책자문위원으로 정부 부처의 온실가스 감축 정책을 자문하고 있으며, 대통령 직속 탄소중립녹색성장위원회 국제감축분과 전문위원회 위원으로도 활동 중이다. 그리고 한국기후변화학회, 한국리사이클링학회 등의 이사직을 맡아 학술적 연구 또한 활발하게 추진하고 있다.

최근 국내 최초로 UN CDM 제도의 대규모 사업 온실가스 감축 방법론을 승인받았으며, 북한 및 개도국의 온실가스 감축 협력을 위한 연구 등을 활발하게 추진하고 있다.

# 기후 위기 해결 위해
# 하늘을 읽고
# 땅을 이해하다

국립기상과학원 기후변화예측연구팀장
**변영화**

**By. 송찬영**

*"Human extinction due to climate change."*
티핑 포인트(Tipping point) 가까워져,
10년 안에 뭔가 결판내야 하는 상황.

변영화 박사 인터뷰는 두 차례 연기 끝에 화상 인터뷰로 진행됐다. 초강력 태풍 힌남노가 한반도를 향한다는 소식에 기상청 관계자들이 모두 비상 경계근무에 들어간 상황이었기 때문에 어쩔 수 없는 일이었다.

힌남노는 기후관측 사상 아열대성 지역이 아닌 북위 25도선 이북 바다에서 발생한 첫 번째 슈퍼 태풍이다. 경남 거제에 상륙한 이 태풍은 내륙을 통과하면서 약 1조 7,000여억 원의 피해를 입혔다. 포항제철은 설립 이래 최초로 가동을 중단했다.

불과 한 달 전인 2022년 8월에는 서울시 동작구에 시간당 141.5mm의 폭우가 내렸다. 이는 1942년 8월 5일 내린 서울의 시간당 강수량 역대 최고치(118.6mm)를 무려 80년 만에 갱신한 기록이다.

기후 문제가 멀리 남의 나라 이야기가 아니라 이제 우리 이야기, 코앞에 벌어진 현실임을 경고하고 있는 것이다.

기후 위기 해결 위해 하늘을 읽고 땅을 이해하다

# 지구 온난화로 인한 나비 효과, 현실이 되다

2022년, 태풍 힌남노가 우리나라를 강타해 큰 피해를 입었다. 과학자들은 앞으로 힌남노와 같은 초강력 태풍이 한반도에 자주 올 것이라고 경고하며, 두 가지 공통된 의견을 제시했다. 첫째는 북서 태평양에서 발생하는 태풍의 발생 수가 줄어들 것이라는 점이다. 둘째는 발생 수는 줄어들지만 일단 발생하는 태풍은 굉장히 강력할 것이라는 점이다.

태풍 발생이 줄어드는 이유는 해수면 온도 조건이 맞지 않기 때문이다. 태풍이 발생하려면 해수면 온도가 일정 수준을 유지해야 하고 바람이 너무 강하지 않아야 한다. 그런데 온난화가 지속되면 바람 장의 변화나 해수면 온도의 변화가 일어나기 쉽다. 해양도 온난화에 따라 열에너지를 흡수하면서 더워지는데, 때문에 태풍이 발생하기 쉬운 해수면 온도 조건이 맞지 않게 된다. 이런 까닭에 북서 태평양 해역의 태풍 발생 수는 현재와 유사하거나 약간 줄어들 것이라 예측하는 것이다.

하지만 일단 태풍이 생겨난다면 따뜻해진 해양의 온도는 태풍이 성장하는 데 도움을 주게 된다. 즉, 태풍이 따뜻한 해수 온도로부터 에너지를 공급받기 때문에 강력한 힘을 얻게 된다.

일하는 사람들의 기후변화

또 하나는 회오리 문제이다. 회오리를 계속 유지하기 위해서는 상층 바람이 너무 강하게 불면 안 된다. 우리나라 상층은 제트기류라고 해서 굉장히 센 바람이 있는데, 온난화가 지속되면 제트기류가 북쪽으로 이동하게 된다. 이렇게 되면 우리나라를 향한 태풍이 더 북쪽으로 올라올 수 있는 환경이 형성된다.

마지막으로는 기단을 주목해야 한다. 태풍의 진로는 사실 여름철 주요 기단의 하나인 북태평양 고기압의 세력과 위치에 많이 좌우된다. 쉽게 말하면, 태풍의 진로는 북태평양 고기압이 태풍을 밀어내느냐 아니면 고기압이 밀려나느냐에 따라 결정된다.

온난화가 진행되면서 여름철이 점점 늘어나고 있는데, 이 말은 북태평양 고기압과 같이 여름철을 지배하는 기압계 형태가 좀 더 유지될 수 있다는 것이다. 즉, 이전에는 가을철이 되면서 북태평양 고기압 세력이 줄어들어 일본 쪽으로 많이 물러나 있는 형태여서 태풍이 주로 일본 쪽으로 북상하는 추세였다면, 온난화가 진행되고 있는 최근에는 북태평양 고기압의 세력이 지속되면서 서쪽으로 확장해 있는 형태라 태풍의 진로가 우리나라 쪽으로 들어오는 기회가 많아질 것이라는 예측이다.


강한 태풍이 우리나라로 자꾸 들어오게 되면
삼면이 바다인 우리나라 해수면 높이에도 영향이 있지 않을까요?

가능성이 있죠. 태풍이 우리한테 미치는 영향 중 첫 번째는 비입니다. 두 번째는 바람이에요. 태풍의 강도는 바람 크기를 가지고 이야기하는데, 바람이 가장 센 태풍을 초강력 태풍이라고 합니다. 태풍은 수증기의 양에 따라 비의 양을 알 수 있어요. 우리나라에 오는 태풍은 호우와 강풍 두 가지를 모두 가지고 들어옵니다. 태풍은 일단 연안에 상륙하기 때문에 파랑과 파고도 높아지고, 폭풍으로 인해서 바람이 세지면 해안가 지역의 바닷물을 더 많이 끌고 올라 해일을 유발할 수 있지요. 그래서 연안 지역 시설물들의 피해가 더 커진다고 볼 수 있는 거죠. 전 세계적으로도 그렇지만 대부분의 도시 지역이 연안에 많이 위치해 있어요. 태풍뿐만 아니라 해수면 고도 상승이 맞물려 있기 때문에, 해일이나 홍수에 잠길 가능성이 향후에는 더 높을 것으로 예상됩니다. 방제가 굉장히 중요하다고 할 수 있지요.

여름에는 폭우나 태풍, 겨울철에는 폭설이 문제 아니겠습니까?
폭설도 특정 지역에 편중되는 것 아닌가 싶어요.

우리나라에서 눈 내리는 지역을 보면 몇 가지 특성이 있습니다. 겨울철 폭설은 저기압이 우리나라 쪽으로 다가오면서 서쪽에서 동쪽으로 이동하는데, 기온이 차갑기 때문에 비가 아닌 눈으로 내리는 것입니다. 주로 우리나라 서쪽 지역인 서울, 경기, 인천, 광주, 군산 등에 많이 내리죠.

다음은 주로 2월경에 우리나라 북쪽 위로 기압골이 이동하면서, 바람이 강릉 지역 중심으로 동쪽 바다에서부터 내륙으로 들어오는 경우예요. 그런 경우는 바람이 태백산맥에 가로막혀 강릉, 속초 등 동해안 지역에 폭설을 내리는 것이죠.

저는 일정 정도는 겨울철에는 산맥에 눈이 내려줬으면 좋겠어요. 그래야 토양에 수분이 스며들면서 강으로 나와 가뭄을 막을 수 있잖아요. 폭설 피해는 분명히 막아야 하는데, 전체적으로는 필요하다는 것이죠.

연구자 관점에서 걱정인 것은 온난화가 되면서 겨울철 기온이 빠르게 상승한다는 점이에요. 최근 10년간 기상을 보면, 따뜻한 겨울과 추운 한파가 간헐적으로 오는 상황인데, 앞으로도 이런 변동성 상황은 어느 정도 유지될 것이고, 어느 기간 안에서는 폭설 가능성도 분명히 남아있다고 봅니다.

11월부터 봄까지는 미세먼지 기간이라고 해도 과언이 아니에요.
원인에 대해 여러 지적이 있지만, 기후변화로 바람이 과거에 비해
덜 부는 영향이라는 의견도 나오고 있어요.

미세먼지가 문제 되는 시기가 주로 겨울과 봄철입니다. 여름 같은 경우는 비가 내려서 씻겨나가지요. 그래서 꼭 바람하고 연관 짓기는 조금 무리일 수는 있어요.

저희가 2021년 말과 2022년 초 겨울철 바람의 순환 과정을 분석한 적이 있는데, 미세먼지가 씻겨나가려면 바람의 세기를 봐야 합니다. 일반적인 것은 온난화가 지속되고 높아질수록 지표 바람의 속도가 작아진다는 것이에요. 이는 육지 지역의 온도가 빨리 상승하면서 우리나라 북쪽에 위치한 상층의 제트기류가 더욱 북상하는 한편, 우리나라 쪽으로 들어오는 북풍 기류를 약화시키는 쪽으로 변화하면서 소위 동아시아 겨울 몬순을 약화시키게 되거든요. 때문에 겨울철 북풍 기류의 약화는 미세먼지가 발생했을 때 바람에 의해 확산될 수 있는 소위 통풍(Ventilation) 효과의 저하로 연결되는 것이라 고농도 미세먼지가 유지되는 환경과 밀접하게 연관돼 있다고 볼 수 있습니다.

IPCC 6차 보고서에서는 미세먼지가
지구 온도를 떨어뜨리는 효과가 있다고 보고돼 있더군요.

미세먼지는 공기 중 떠다니는 오염 물질들을 통칭한 건데, 저희
는 보통 에어로졸이라고 표현합니다. 공기 중 부유 물질인데, 삭
스(Sx)나 낙스(Nx) 계열처럼 오염 물질이에요. 오염 물질의 구성
성분에 따라 냉각화를 일으키기도 하고, 온난화를 일으키기도
합니다. 하지만 전체 에어로졸의 온난화 기여도를 보면 1950년
부터 2000년대 초반까지 전 지구 평균 기온을 0.3℃도 정도 떨
어뜨렸다는 분석 결과가 있어요. 그렇기 때문에 아이러니하게도
미세먼지를 줄일수록 그만큼 온난화는 더 진행되는 딜레마가 당
연히 있는 것이죠.

고려해야 될 부분은 미세먼지가 오염 물질이어서, 인간의 건강과
밀접한 관계가 있어요. 그리고 대기 오염 물질은 반응이 굉장히
빠르고 국지성이 강해요. 대기 오염 물질을 제어하지 않는다는
것은 그 지역 사람들이 대기 오염으로 인해 큰 피해를 볼 가능성
이 높다는 것이죠.

그래서 IPCC 6차 보고서에 메탄 관련 이야기가 나와요. 메탄이
대표적인 오염 물질 중 하나인 오존 생성에 굉장히 많이 관여하
는 물질이기 때문에 메탄을 줄이면 그만큼 오존도 같이 줄기 때
문에 대기 오염 물질도 제어하면서 실제로 온난화도 줄일 수 있
다는 것이죠. 그래서 2021년 영국 글래스고에서 메탄 협약이 나
온 것입니다.

# 재난재해가 말해주는
# 기후 위기 속 지구촌

우리는 지금 '기후변화의 시대에 살고 있다'고 말한다. 기후변화는 기후 시스템이 특정한 어떤 방향으로 계속 움직여 간다는 것을 의미한다.

최근 기후 위기라고 언급하는 것에는 세 가지 이유가 있다.

첫째, 기후변화의 영향이 우리한테 좋은 것들만 온다고 하면 그 변화를 두려워할 이유는 없겠지만 대부분 재난재해이다. 2020년, 세계기상기구에서 발간한 보고서를 보면 1970년대 대비 2010년대에 재난재해 전체 보고 건수가 거의 5배 정도 늘었고, 경제적인 손실은 7배 이상 증가했다.

둘째, 이런 재난재해와 연관된 온난화가 최근 점점 더 빠르게 가속화되고 있다. 최근 세계기상기구(WMO) 보고서에 따르면 작년 지구 평균 온도는 산업화 이전 시기 대비 1.1℃가 올랐고, 올해 기온 상승 폭도 1.2℃로 예상된다. 극한 현상의 위협이 더 빠른 속도와 강도로 올라가고 빈도는 더 늘어날 것이다.

셋째, 온난화가 진행되면 결국 우리가 감당할 수 있는 수준을 넘게 된다는 예측이다. 기존의 기후 상태에서 우리가 알지 못하는 다른 차원으로 넘어가는 시점을 티핑 포인트(Tipping Point: 임계점)라고 부르는데 이것이 바로 코앞이라는 점이다.

'티핑 포인트가 몇 도냐'는 것은 과학자마다 의견이 다르다. 보통 생태계에서의 어떤 변화들이 뚜렷하고 심각하게 나타날 수 있다고 보는 기온은 산업화 이전 시기 대비 2℃의 기온 상승 수준이다. 이런 까닭에 파리 협정에서 2℃를 이야기했던 것이다. 하지만 태평양 도서국은 해수면 상승 때문에 1.5℃를 권고 사항으로 해달라고 요청했다.

실제로 IPCC 6차 보고서에서 2030년대에 1.5℃ 도달할 것으로 보았는데 지금 거의 확정적이다시피 한 상황이다. 그전의 IPCC 1.5℃ 지구 온난화 특별보고서에서는 2040년 또는 2050년 정도라고 보았었는데, 최근 온난화가 가속화되고 있어 2030년대로 당겨진 것이다.

세계기상기구에서 보통 5년 단위의 전 지구 평균 기온 예측 결과를 수록한 보고서를 발간하는데 올해 나온 예측 결과를 보면, 향후 5년 안에 1.5℃를 넘는 해가 나올 확률이 48% 정도라고 한다. 지금까지의 기후변화가 1℃를 넘는 과정이었고 이 안에서 벌어졌던 재난재해를 봤을 때 1.5℃ 온난화는 굉장히 심각한 상황이다. 이런 측면에서 봤을 때 조금이라도 빨리 그리고 더 많이 온실가스 감축을 해야 한다. 위기는 정말로 가까이 왔다.

온난화 방지 대안으로 기후 공학 기술이 언급되고 있는데,
어떤 기후 공학 기술이고 실현 가능성은 어느 정도 있는지요.

가장 대표적인 것은 'SRM(Solar Radiation Management)'이라고 불리는 방법인데, 개념은 굉장히 간단해요. 땡볕에 양산을 쓰면 좀 시원하잖아요. 앞서 대기 오염 물질들이 온난화를 방지하는 역할이 있다고 말했는데, 이 대기 오염 물질을 성층권에 뿌려서 태

일하는 사람들의 기후변화

양 에너지를 외부로 반사시키자는 거예요. 이론적으로는 분명히 온도를 떨어뜨릴 수 있는데, 그렇게 되면 강수 패턴, 바람 방향, 지역별 온도 변화 등 다른 영향들이 우리가 제어할 수 없는 방향으로 가기 때문에 선택하기 어려운 부분이 있어요.

또 실제 지구 위에 양산을 씌울 만큼의 대기 오염 물질을 뿌리려면 그냥 한두 번 뿌린다고 될 문제도 아니고, 경제성 문제도 있겠지요. 또한, 나중에 우산을 치워버려야 하는 상황이 온다면 그 전보다 태양광이 더 많이 들어오는 상황이 되면서 급작스러운 변화로 연결될 수 있기 때문에 실행력 부분에서 많은 사람들이 우려하는 측면이 있어요.

**최근 기상청 보도 자료에 따르면**
**안면도 외에 온실가스를 측정하는 곳으로 고산도 포함됐더군요.**
**국내에서 이산화탄소를 관측하는 장비가 설치된 곳이 몇 개인가요?**

국내 온실가스 관측소는 3개가 있어요. 안면도가 대표적인 곳이고, 고산과 울릉도·독도 이렇게 삼각으로 구축돼 있어요. 여기서 국제기구에서 인정하는 안면도 외에 고산이 추가된 것이죠. 세계기상기구에서는 지구 대기 감시 관측소를 전 지구 급과 지역 급으로 나누어 구분합니다. 고산은 지역 관측소 급으로 인정된 것으로 알고 있습니다.

**데이터를 계속 분석하셨을 텐데,**
**지구 전체 농도와 우리나라 주변 농도가 차이가 있나요? 다른 특징은 없나요?**

$CO_2$는 안정화된 기체예요. 화학 반응을 거의 안 하고 올라가면 그대로 수백 년을 존재하지요. 하지만 올라가면 그냥 그대로 있

는 것이 아니라 바람을 타고 이동합니다. 그렇기 때문에 지구적인 분포를 보면, 약간 위도별로 띠처럼 분포해 있어요. 따라서 우리나라 온실가스 농도는 전 지구 평균에 비해서는 다소 높지만, 농도의 변화 추세는 전 지구적 변화 수준과 유사하게 변화하고 있습니다.

**이산화탄소가 띠 형태로 분포되어 있다면,**
**지구 북쪽이나 남쪽, 적도 중에 어느 쪽이 더 많은가요?**

대체로 적도와 극 쪽의 농도가 낮고 남반구보다는 북반구 쪽 농도가 높습니다. 북반구 중에서는 미국이나 유럽, 동아시아가 포함된 중위도 지역의 $CO_2$ 농도가 가장 높고요. 하지만 온난화는 어느 한 지역에서의 배출량 및 온실가스 농도로만 결정되긴 어려워요. 이는 지구 대기가 지속적으로 순환하고 있기 때문입니다. 예를 들어 북극의 온난화 같은 경우 그 지역에서 배출되는 온실가스 배출량보다 큰 규모의 대기 순환의 영향이 더 중요하다고 볼 수 있어요. 다음은 얼음과의 상호작용이에요. 북극이 추우니까 얼음이 덮여 있잖아요. 근데 북극의 온난화가 빨리 진행되는 이유 중에 가장 대표적인 것이 얼음의 태양 빛 반사에요. 얼음은 거의 100% 반사 하거든요. 그런데 조금이라도 녹는다면 바다가 드러나고, 바다는 90%의 열을 흡수하지요. 바다가 더워지고, 다시 얼음이 녹고, 얼음이 녹으면 바다는 더 뜨거워지고… 지역적인 온실가스 농도가 아무 영향을 안 미친다고 이야기할 수 없겠지만, 지구 온난화에 미치는 것은 또 다른 요소들과의 상호작용이 더 크게 작용한다고 얘기할 수 있겠습니다.

일하는 사람들의 기후변화

# 기후 위기 속 우리의 '행동'이 중요한 이유

변영화 박사는 대기과학을 전공했다. 대기과학은 대기의 역학적 움직임 및 구름 생성, 지면과의 상호작용과 같은 물리적 과정들, 또한 기후와 연관된 수많은 상호작용과 메커니즘을 배우는 자연과학의 한 분야이다. 그녀는 시공간 규모 관점에서 단기 예보 보다, 몇십 년 또는 몇백 년 이상의 기후변화 부분에 초점을 맞춰 연구하고 있다. 기후가 어떻게 변해왔는지에 대한 데이터 분석과 수치 모델을 통해 미래 기후가 어떻게 변할 것인가라는 부분을 연구하는 것이다.

기후, 환경에 대한 관심은 중학교 무렵부터라고 한다. 물리학, 수학, 지구과학에도 관심이 있었고 천문학에도 큰 관심을 가졌다고. 그래서 천문기상학과가 있는 대학에 입학하게 되었다. 천문학과 대기과학을 배웠는데 대기과학 즉, 하늘에서 일어나는 구름의 변화 등을 배우는 것에 재미를 느껴 관련 수업을 많이 듣게 되었고, 대학원에서 그런 것들을 수치 모델로 만드는 것을 연구했다.

그리고 기상청에 입사 하면서 단기 예보 모델을 개발하는 업무를 맡았다가 그것이 점점 시공간 규모가 커지면서 기후 쪽으로 넘어오게 되었다.

기후변화를 전망한다는 것은 몇십 년, 몇백 년 기간의 대기 현상이나 해양의 현상을 이해해야 하고, 지표, 땅과 관련한 부분들도 이해해야 한다. 심지어 인간사회, 동물, 식물과의 상호작용(Interaction) 부분들까지도 관련 있기 때문에 기후변화를 예측하고 분석한다는 것은 거의 전방위적인 자연과학의 총집결판이라고 볼 수 있다. 또 기후변화가 미치는 영향은 자연과학뿐만 아니라 공학이나 사회과학 등 다른 학문과도 연관된다.

몇 년 전부터 세계기상기구에서 'IG3IS(Intergrated Global Greenhouse Gas Information System)' 프로젝트를 진행 중이다. 전 세계 온실가스 정보를 합쳐서 공유할 수 있는 시스템을 만드는 작업이다.

온실가스를 감시하는 방법으로 각 공장 단위의 배출가스를 조사해 일정 계수를 곱하는 방식으로 계산하는 인벤토리 산정법이 있는데, 여기에 배출되어 나온 온실가스가 어느 정도 공기 중에 남아있는지 농도를 관측하는 방법을 더하는 것이다. 배출량을 측정하는 것이 아니라 대기 중의 온실가스 농도를 관측하는, 즉 공기 시료를 채취해서 농도를 측정하거나 위성을 통해서 온실가스 농도를 원격으로 관측하는 방법을 사용한다고 한다.

온실가스 배출량과 대기 중 농도 사이에 밀접한 관계가 있기 때문에 이를 추적하면 대기 중 온실가스 농도 관측치를 이용해 배출량까지 추정해 낼 수 있다. 이미 영국, 스위스에서는 이 시스템들을 구축, 활용하는 중이고 우리나라의 경우 최근에 국립기상과학원에서 본 시스템을 개발·구축하는 중이다.

저희 부서는 주로 데이터 분석과 기후 모델로 시뮬레이션하고 있어요. 일반 직장인처럼 자기 자리에서 컴퓨터로 수치를 만들어내고, 그림을 그리고, 그 그림 안에서 물리적인 이미지를 해석하는 일을 해요. 저의 일도 그것과 크게 다르지 않고요. 다만 저 같은 경우는 팀장이다 보니, 어떤 모델을 돌리는 실무적인 일보다는 직원들이 어떤 연구 결과들을 가지고 왔을 때 해당 팀원들과 함께 내용을 분석, 토의하고 연구 성과가 어떻게 활용될 수 있을 것인지 의미를 찾기 위한 고민을 많이 해요.

그리고 그 외에 기후변화 감시 쪽도 중요한데요, 저희 부서는 아니지만 다른 부서에서 기후변화 감시 업무를 수행하고 있어요. 감시 분야는 온실가스와 같은 대기 조성 성분을 관측하고 모니터링하는 부분이 있고요, 그 외에 위성 및 원격 장비를 통해서 온실가스 및 에어로졸의 분포나 농도 변화 등을 관측, 감시하는 부분도 있습니다. 실제 대기 조성 성분을 관측하시는 분들 경우에 플라스크를 사용한 시료 채취에서부터 가스 크로마토그래피 등을 이용한 가스 분석 등을 하느라 실험실에서 생활하는 경우가 많죠.

과학은 자연 상태를 충분히 잘 관찰을 하고, 그 안에서 어떤 물리적인 의미들을 찾아내고, 그런 것들을 입증하기 위해 수치 모델이나 과학 실험 등을 통해 자기의 가설을 검증하고 이해하는 학문이에요. 기후변화를 예측하는 과정은 대부분 컴퓨터 시뮬레이션으로 이루어져요. 그래서 이 분야로 오고 싶은 분은 과학에 대한 흥미가 분명히 있어야 하고, 수학적인 이해, 컴퓨터 프로그래밍까지도 다 필요합니다.

수학을 잘해야 하는 까닭은 수치 모델은 사실상 미적분이에요. 실제로 현상에서 일어나는 부분들은 관측을 통해서 수학적인 방정식을 이용해 풀어야 하기 때문에 기본적으로 미분과 적분에 대한 개념들을 좀 알고 계셔야지 해요.

그렇다고 '수학을 못 하면 어렵냐'고 묻는다면 그건 아니에요. 저도 수학을 아주 잘한 건 아니에요. 말씀드린 것처럼 어떤 자연 현상을 잘 알기 위해서 관측을 잘하는 것도 중요하거든요. 관측을 잘하는 부분들은 수학을 조금 못해도 상관없어요. 수학, 물리 등이 분명히 필요하지만, 결코 안 된다는 것은 아니기 때문에, 나름대로 자기의 장단점들을 살피면서 업무를 찾아가면 되지 않을까 싶습니다.

**기후 과학 연구자나 관련 산업에 종사하는 수는 어느 정도 될까요?**

대기과학과가 있는 대학이 7개 있고, 거기에 따른 교수님과 학생들이 있어요. 또 환경공학이나 환경과학과도 있고, 국내 연구 기관으로 국립기상과학원, 한국해양과학기술원 등의 연구자들이 있지요. 자연과학 쪽 자체로 봤을 때는 규모가 다른 데보다는 그렇게 크지는 않은 것 같아요. 기상산업계는 주로 기상관측장비를 다루거나 기상기후 과학자료의 가시화 및 분석시스템 구축 등의 일을 하지만 다른 산업계에 비해 전체 규모가 큰 편은 아닙니다.

기상·기후 산업은 지금 거의 없다시피 한데요,
역으로 생각하면 앞으로 발전 가능성이 높다고 볼 수 있지 않을까요?

그렇죠. 기후 산업이라고 하면, 결국 기후 정보 데이터로 수요자들이 원하는 정보를 만들어내고 시장을 만드는 것이겠죠. 예를 들면, 날씨 관련 식중독 지수 이런 것들은 향후 2~3일 정도의 정보이지만, 기후 정보는 산업 쪽에서 많이 필요해요. 예를 들어 내년 여름을 대비해 에어컨을 얼마나 만드느냐는 기업으로서는 이윤과 관계되는 만큼 매우 중요하잖아요.

미국이나 유럽은 관련 산업이 많이 발달해 있어요. 유럽은 원하는 지역의 기후변화 정보를 뽑을 수 있는 모델을 개발해서 판매하는 기업들도 있어요. 우리나라의 경우 기상·기후 정보를 공짜로 여기는 측면이 있어 정보에 대한 가치를 인정하는 인식이 미국이나 유럽과 많이 다르다는 생각이 듭니다.

국내 기후 분야 연구력은 세계와 비교했을 때 어느 정도 될까요?

최근 들어서 많이 높아졌다고 생각합니다. 과거 기후변화 과학 쪽을 보면, IPCC 워킹그룹 1의 경우 권원태 박사님 한 분 정도 들어갈 정도였다면, 이번 6차 평가 보고서의 경우 다섯 분이 저자로 활동하셨어요.

저희 국립기상과학원의 경우 4차 평가 보고서부터 시작해서 지금까지 세 차례 동안 과학 데이터들을 꾸준히 만들어내고, 그 데이터를 국제 자료 센터 등을 통해 배포하고 있어요. 또 국제 프로젝트를 진행하면서 그들이 요구하는 품질을 다 만족시켰습니다. 그런 작업들은 굉장히 긴 기간 동안 정말 엄청난 노력을 통해 이루어지는 것이라고 할 수 있습니다. 동아시아 지역에서 중국, 일본과 아주 대등한 관계인지는 모르겠으나, 적어도 우리나라의 입지를 충분히 살리면서 공헌하고 있다고 생각합니다.


변영화 박사는 기후 위기에 대한 걱정 속에서도 희망을 이야기했다. 기후 위기에 대해 모르는 사람은 없을 것이라며, 문제는 다음 단계인 '행동'이라고 강조했다. 우리 사회가 가지고 있는 기후에 대한 인식과 행동 사이의 공간을 자신과 같은 기후 과학자들은 물론 사회 전 분야의 사람들이 함께 끊임없이 채워나가야 한다고 했다. 아울러 강한 경각심을 주면서 기후극복을 위해 어떤 행동을 하는 것이 올바른 것인지 정보를 끊임없이 제공하는 것이 본인의 사회적 책무라고 말했다.

지금의 기후 위기 시대를 살아가는 우리 인간은 마치 데워지는 냄비를 수영장으로 착각해 헤엄치고 있는 모습과 같지 않을까 싶다. 이성을 바탕으로 한 기후 과학은 지속적으로 기후 위기를 경고하며, 냄비에서 뛰어내릴 것을 충고하고 있다. 하지만 우리 인간은 다른 한편에서는 편리하고 따뜻한 물에서 헤엄치고자 하는 욕망을 버리지 못하는 모습인 듯싶다.

변영화 박사가 강조한 행동, 바로 그 기후 행동이 필요한 시기가 아닐까 싶다.

국립기상과학원 기후변화예측연구팀장
# 변 영 화

1992년 기상청에 입사해 수치예보시스템 개발 업무를 수행하였으며 1998년부터는 계절예측시스템 개발·운영 업무와 함께 장기예보 전문가로 활동했다. 2005년부터는 기상청 소속기관인 국립기상연구소에서 기후변화 예측기술의 핵심인 지구시스템모델 개발 총괄을 담당했고 관련 기술 개발에 힘써왔다. 2007년부터 영국기상청과의 기후 모델 개발 및 분석·진단 기술 협력을 주도하면서 IPCC 평가 보고서 기여를 위한 국제 기후 실험 프로젝트(CMIP5 및 CMIP6)에 참여하여 전 지구 기후변화 시나리오를 개발하였으며, 2011~2012년에는 영국기상청 헤들리센터의 방문과학자로 근무했다.

또한, 국내 기후변화 정책 지원을 위해 전 지구 기후변화 시나리오를 기반으로 한 동아시아 및 남한 상세 시나리오 개발 프로젝트의 총괄 지휘를 담당해오고 있으며, 기후변화에 관한 미래 전망 평가와 과학 정보 개발 등 기후변화 예측 및 분석 연구에 힘쓰고 있다. 그 외, 기후변화 과학정보의 활용 및 융합 연구, 정책 지원과 소통 확대를 위해 제2차 및 제3차 국가 기후변화 적응대책 수립 및 평가를 위한 전문위원 활동, 과기부 기후변화 기술 수준 평가 전문가, 국가 전력수급기본계획의 장기 수요 전망을 위한 워킹그룹위원, 한국기후변화학회 학술위원장 등 다양한 활동을 이어나가고 있다.

# 내 일로 찾아온 기후변화, 실천 위한 로드맵을 세우다

JTBC 기자
박상욱

By. 송찬영

*"The media are climate watchers."*
액션(Action)이 지속 가능하려면
결국 모든 층위를 아우를 수 있는 무언가가 필요하지 않을까?


박상욱 JTBC 기자를 만난 것은 지난 2022년 9월 17일. 그
날 그는 방송사를 대표하는 저녁 뉴스 '뉴스룸'에서 '삼성전자도
RE100 선언은 했는데 정작 쓸 에너지가 없다?'는 뉴스를 단독
보도했다. 필자가 인터뷰 글을 정리하는 9월 23일 저녁 시간에
도 TV에서는 익숙한 목소리로 '탈 석탄 속 위기의 2만여 노동자'
라는 제목의 박상욱 기자의 단독 보도가 이어진다.

기후 위기의 주범인 화석 연료, 그 화석 연료를 기반으로 하는
석탄 화력 발전을 줄이거나 없애는 건 옳은 방향이다. 그러나 갑
자기 모든 것을 멈출 수는 없고, 다른 에너지로 전환하는 과정에
서 해당 발전소 노동자 실직 등의 이른바 '기후 정의' 문제가 발
생한다. 이 기사는 박 기자가 에너지 전환 과정에서 소외될 수 있
는 노동자들에 초점을 맞춘 특종 기사이다.

아나운서에서 기자로 둥지를 옮기고, 누구보다 앞장서 각종 재
난재해와 기후변화를 걱정하고 온몸으로 느끼고 날카롭게 전하
는 박상욱 기자를 만나 보았다.

# 기후 위기에서
## 특종을 찾다

언론계에서는 보통 어떤 소식을 먼저 보도하거나, 남들이 하지 않는 본인만의 기사를 쓰거나, 사회적 현안을 색다른 시각으로 들여다보거나, 깊이 있는 심층 보도를 특종 기사로 여긴다. 박상욱 JTBC 기자는 매주 연재하는 '박상욱의 기후 1.5' 칼럼을 통해 기후변화와 관련한 사안을 일반인들도 쉽게 이해할 수 있도록 전하고 있다. 그의 날카로운 시선이 담긴 칼럼들은 기후 정책을 깊이 있게 분석하고 있다는 평가를 받고 있다.

그를 만난 날, '삼성전자도 RE100 선언은 했는데 정작 쓸 에너지가 없다?'는 뉴스를 보도했기에 자연스럽게 관련 이야기가 시작됐다.

"이 기사를 보도하기 위해 밤새 우리나라 기업 중 RE100에 가입한 기업 전체를 전수 조사하고, 전력 사용량 산출해 내고, 우리나라 재생에너지 발전량하고 비교해서 어느 정도 실행 가능한지 분석했습니다. 서해 남부 지역의 해상 풍력 실증단지 같은 경우는 정부가 기업들에게 실패하든 성공하든 도전해보라고 만들어놨는데, 남은 기업은 (대기업 중에) 두산 하나밖에 없어요. 해상 풍력의 경우 국내 기업 대부분은 철수했고 유럽 기업이 해상 풍력의 90%나 차지하고 있습니다. 태양광 세계 1등은 진짜 옛날이야기고, 이제는 중국에 다 뺏긴 상태입니다. LG는 사업을 접었고, 태양광 소재 기업 웅진은 아예 파산했어요.

계속 이렇게 되면 단순히 RE100만 달성하지 못하는 것이 아니라, 에너지 안보까지 위기일 수밖에 없어요. 햇빛하고 바람이 국산이라 할지라도 발전기 자체가 수입산이 되면 에너지의 수입 의존도는 여전할 수밖에 없겠지요."

박상욱 기자가 연재 기사를 쓰기 시작한 2019년 당시만 해도 정부의 기후변화 정책이 정리되지 못한 상태였고, 언론에서도 관심이 별로 없었다. 그를 비롯해 윤지로 세계일보 기자, 김아영 내일신문 기자, 최우리 한겨레 기자, 강은지 동아일보 기자 등 소수의 기자만이 고군분투하는 상황이었다.

지금은 지상파와 각 신문사에 기후대응팀이 생겼거나 생기고 있고, 이를 통해 다양한 기사들이 발굴 보도되고 있다. 그러나 언론사가 가진 고질적인 문제인 인원 부족, 잦은 부서 간 이동 등으로 기후 전문 기자를 육성하기에는 아직 열악한 상황이다.

특종 기사도 발굴하고 매주 빠지지 않고 칼럼도 쓰고…. 대단하다고 생각합니다. 하루 일과는 어떻게 되나요?

8시쯤 집에서 나와 일과를 시작합니다. 오전에 할 일을 메모해 보고하고 오전 회의에서 아이템이 잡히면 추가 보완해 그날 메인 뉴스를 만듭니다. 기사를 빨리 쓰고 빨리 제작하면 퇴근 시간이 빨라지는데 통상적인 데드라인은 4시 정도인 것 같아요. 5시 이후에 마감하면 CG(컴퓨터그래픽) 작업을 하거나 편집하는데 시간이 너무 부족하거든요. 연재를 준비하기 위해 집에 와서도 자료 찾는 일을 계속합니다. 사실 너무 힘들어서 포기하고 싶은 적이 한두 번이 아니었어요. 잠은 보통 다섯 시간 정도 잡니다. 올해 초부터 기후변화를 깊이 있게 공부하기 위해 대학원에 진학했거든요.

연재하는 칼럼이나 단순 소식 전달 외에 기획이나 단독 기사는
일주일에 몇 꼭지 쓰나요? 야간 근무나 주말 근무도 적지 않지요?

기사 수는 대중없습니다. 최근에는 집중호우와 태풍이 발생하면서 이슈가 생겨서 일주일에 여러 꼭지를 하는데, (이슈가) 없을 때는 사실 일주일에 하나 쓰기도 쉽지는 않아요. 다만 매일 낮 뉴스와 저녁 메인 뉴스의 날씨 단신을 쓰는 일은 매일 하고 있습니다. 당직은 대략 5주에 한 번꼴로 돌아오고, 주말 근무는 4주에 한 번 정도 합니다.

칼럼의 경우 다루는 영역도 다양하고, 분량도 많아요.
앞서 시간이 많이 소요된다고 했는데,
오랫동안 했기에 나름 노하우도 생겼을 것 같아요.

아이템을 찾고, 뒷받침해야 할 데이터들을 찾는 데 시간이 많이 듭니다. 기사 그래픽도 다 제가 만드는데, 기사보다 그래픽을 만드는 데 시간이 더 들어갑니다. 아이템을 정하고 데이터를 찾으면서 머릿속에 한 번 정리하고 그중에서 도표로 뭘 만들지 짜는 과정에서 이야기 틀(스토리 라인)이 정해집니다. 한글 문서에 순서대로 이미지를 붙여놓고, 그다음에 그 앞뒤로 설명을 넣는 식으로 해서 기사를 씁니다. 지금은 그게 제 나름의 글쓰기 틀(포맷화)이 된 것 같아요.

기획 아이템이나 정보는 주로 어디서 얻나요?

정말 다양합니다. 일상의 기상 현상에서 출발하는 경우도 있고, 어떤 기업의 ESG와 관련한 경영 결정으로 시작하는 경우도 있습니다. IPCC나 WMO에서 뭔가를 내놨을 수도 있고요. IEA가 상대적으로 다른 관련 국제기구에 비해 보고서 같은 것들을 짧은 주기로 발표하다 보니 거기서 출발할 때도 있습니다.

기후 관련 취재를 하다가 경제 영역인 산업 쪽으로 옮긴 경우를 종종 보았어요.

첫 시작은 환경이나 기상에서 시작했다가 결국에는 산업으로 옮기는 것 같아요. 기후변화에서 에너지와 산업계의 온실가스 감축이 관건이 되다 보니까요.

# 미래에 대한 경고와
정확한 정보 전달 사이에서

박상욱 기자는 불어 교육학과 정치외교를 전공했다. 학창 시절, 외교통상부에서 대학원생과 학부생 가운데 언어 특기자를 뽑아 격오지에 보내는 차세대 특수지·특수언어 전문인력 양성 프로그램에 참석하면서 기후와 인연을 맺었다.

"저는 모로코에 갔었는데, 사막에 대규모로 태양광 발전 단지를 짓고, 해저 케이블로 전기를 스페인으로 송전하는 프로젝트가 진행되고 있었어요. 대규모로…. 심지어 바다 밑으로 다른 나라에 전기를 보내는 것이 신선한 충격으로 다가왔습니다."

'Xlinks Morocco-UK Power Project'는 영국의 에너지 스타트업인 엑스링크가 아프리카 모로코 사막 지역에 태양광 풍력 발전소를 설치하고, 이곳에서 나오는 전력을 해저 케이블을 통해 포르투갈과 스페인, 프랑스를 거쳐 영국으로 보내는 대규모 재생 에너지 발전 사업이었다.

방송국 PD인 아버지의 영향인지 그는 어려서부터 언론인을 꿈꿨다. 다만 그의 아버지가 카메라 뒤에 있던 사람이라면 그는 카메라 앞에서 뉴스를 전해주는 사람이면 좋겠다고 막연하게 생각했다고 한다.

모로코에서의 생활을 마치고 귀국한 지 몇 달 후, 중앙일보·JTBC의 통합공채 1기를 뽑는다는 공고를 본 그는 뉴스는 물론 토론, 스포츠

중계에도 관심이 있어 다양한 분야를 할 수 있는 아나운서 분야로 지원하게 됐다.

아나운서가 된 그는 아침 뉴스와 낮 뉴스 앵커를 맡았고, 교양 프로그램의 진행과 WBC 야구 중계도 하게 되었다. 하지만 시간이 갈수록 뉴스와 현장 취재에 대해 아쉬움이 커졌다. 얼굴과 목소리가 나오지 않는 단신 기사라도 직접 현장에서 묻고, 듣고, 취재한 내용을 전하고 싶었던 것이다.

그런 고민을 갖고 지내던 중, 전직의 기회가 찾아왔고, 그는 아나운서에서 기자로 옮겨 앉게 되었다.

기자가 되고 나서 기후나 에너지 분야에 관심을 갖게 된 계기가 있나요?

사회부에서 기자 생활을 시작하며 온갖 재해 재난 현장을 취재하게 됐습니다. 폭우로 홍수가 나고, 폭설이 내리고, 어딘가 무너지고…. 그런 현장 말입니다. 사회부 생활을 마치고 국제부로 부서를 옮기게 됐는데, 2015년 파리 협정 내용을 취재하고 보도하게 됐습니다. 당시엔 그저 온 나라가 모여 기후변화를 논의한다는 것 자체가 신기했습니다. 그렇게 기후변화에 대한 국제사회의 노력을 접하고, 또 북미의 노리스터 겨울 폭풍으로 다리 위 사람들이 고립되고, 도시가 마비되는 극한 기상 현상을 접하며 '기후변화가 정말 보통 일이 아니구나'라는 것을 깨닫게 됐습니다.

이후에 사회1부(지금의 정책부)로 부서를 옮겨 기상청과 환경부를 출입하게 됐죠. 당시 국내에서도 국제사회가 모여 기후변화를 논의하기도 했습니다. 국제부 시절 파리 협정을 취재했는데, 부서를 옮기자 한국에서 IPCC의 1.5도 특별보고서가 채택된 겁니다. 또한, 미세먼지와 태풍, 폭염 등이 기승을 부렸던지라 국내에서 기후변화를 몸소 경험할 수 있었습니다.

**뉴스에서 태풍에 휘청이는 박 기자 모습을 본 것 같습니다.**

서울에서는 2018년 불었던 태풍 솔릭을 잘 기억하지 못하는데, 제주에서는 바람이 엄청났어요. 저를 비롯해서 출장 갔던 장정 셋이 모두 덩치가 좋은데, 제대로 서 있기 힘들었고, 중계하는 도중에 무전기가 고장 나 방송사고 직전까지 갔어요. 비바람이 볼을 때리는데 정말 너무 따가웠어요. 건물 공사 기둥 파이프가 말도 안 되게 구겨져 있고, 온갖 나무들이 뽑히고 부러져 있었어요. 해변가를 걸어가는데 유리 파편들과 해변 모래가 바람에 날려 제 정강이를 때리더군요. 마침 첫 아이가 생겨서 제가 감수성이 굉장히 풍부해져 있던 상태였는데, '이걸 우리 애는 앞으로 계속 겪는 건가?' 그런 생각을 했습니다.

**2019년 발생한 속초·고성 대형 산불 당시에도 그곳에 계셨지요?**

2019년에 식목일에 침엽수 고사 문제를 취재했습니다. 그때 강원도에서 산불이 났다는 소식을 접했어요. 집으로 가다가 '안 되겠다. 가야겠다'는 생각이 들어 제 차를 몰고 속초로 갔습니다. 조금 걱정했던 게 첫애 출산이 임박했어요. 그래도 일단은 갔죠. 새벽부터 꼴딱 밤새우며 저녁 메인 뉴스까지 계속 라이브를 하는데, 태풍 솔릭 때는 유리 알갱이가 정강이를 때렸다면 거기서는 불씨들이 마구 날아다녔습니다. 도로가 왕복 4차선인데 이쪽에서 저쪽으로 불씨가 큰불이 되어 넘어가고, 그걸 또 눈앞에

일하는 사람들의 기후변화

서 보니까 너무 충격적이었습니다. 콧속에서 계속 검댕이 나오는 상태로 서울 집에 올라갔는데, 다음 날 아이가 태어났어요. 불이 난 게 4월 5일이었고, 첫애가 태어난 게 4월 7일이에요. 그래서 우스갯소리로 '태풍 올 때 찾아오더니 산불 날 때 태어났다'고 그럽니다. 그때부터 아비로서 이 아이를 위해서 뭘 할 수 있을까, 언론인으로서 뭘 할 수 있을까 고민하던 결과물이 기후변화에 대해 글쓰기였습니다.

에너지나 기후 관련 보도를 하면서 어려움은 없었나요?

에너지나 기후 분야를 취재하고 보도하는 일은 분명 어렵습니다. 학창시절 과학과 수학에 흥미를 가졌다고는 하지만 문과 출신으로 특히나 어려운 부분이 많죠. 하지만 이 분야의 취재가 반드시 이과생만 할 수 있다고는 생각하지 않습니다. 기후·에너지 문제는 결국 사회, 경제, 외교, 통상, 안보 문제와 직결되기 때문입니다. 도리어 이처럼 많은 것들이 얽혀있다 보니 문과 이과를 떠나서 취재 이상의 것이 필요하다고 볼 수 있을 것 같아요. 제 경우에는 공부하고, 연구하고, 그렇게 나름의 한계를 넘어서면서 더 흥미를 느끼게 됐습니다.

기후 문제와 관련해서 언론의 역할에 대한 고민이 있을 것 같습니다.

기후 환경 그 자체를 대하는 사람으로서의 역할, 그리고 언론인으로서 기사를 통한 커뮤니케이션 과정에서의 역할 두 측면에서 고민하게 됩니다. 우선, 기후 환경 측면에서는 기후변화 그 자체에 대한 경고와 당장의 극한 기상 현상의 피해를 막기 위한 방재 차원의 경고가 언론의 역할이라고 생각합니다. 기상청에 출입하다 보니 더 그렇게 느끼는 것일지도 모릅니다. '기후변화로 앞으로 우리의 미래가 이렇게 변할 겁니다'라며 미래에 대해 경고하는 것도 중요한데, 지금 당장 벌어질 극한 현상에 대해서도 정확한 이야기를 해야 하기 때문이지요. 또, 기사를 통해서는 정부의 정책이나 기업의 의사 결정을 감시하고, 그 과정에서 드러난 문제점을 독자나 시청자에게 제대로 전달하는 것이 언론의 역할이라고 생각합니다.

국민들의 관심에서 너무 앞서지 않고, 반 발자국 정도만 앞에 가서 바라봐야 한다고 생각합니다. 기자인 저도, 일반 시민들도 모두 기후 위기를 현재 겪고 있으니까요. 때문에 함께 대안을 찾아보자는 생각으로 임한다면 어떨까 싶습니다.

일하는 사람들의 기후변화

# 실현 가능성과
## 지속 가능성에서 답을 구하다

에너지 관련 정책에 시각 차이는 분명 존재한다. 정부에 따라 달라지기도 한다. 이전 정부는 탈원전을 강조했고, 현 정부는 원전을 강조하고 있다. 현 상황을 보면, 재생 에너지 강조 그룹과 원자력 강조 그룹이 나뉘어 있는 듯 보인다.

박상욱 기자는 그 누구보다 재생 에너지 확대를 강조해왔다. 그럼에도 지금 당장 원전 전부를 멈춰야 한다고 말하지는 않는다. 실현 가능성이 없거나, 실천을 위한 로드맵이 없는 것에 대한 이야기는 하지 말자는 생각을 갖고 있기 때문이다.

궁극적인 방향으로 탈원전이 가능하다 할지라도 '오늘 당장 가동 정지'는 불가능하다. 전력수요가 더 늘기 전에 신속히 재생 에너지 발전 설비를 늘리라고 채근할 수는 있지만, '오늘 당장 원전 스톱'을 외치는 것은 언론인으로서 조금 무책임하다고 생각하고 있다.

원전 가동을 중단할 수는 있지만, 마치 발전소가 그 땅에 없었던 것처럼 말끔히 해체할 기술도, 그 폐기물을 처리할 장소도 없는 게 사실이다. 수명을 다한 원전을 해체하고, 그 부지를 다시 일반 시민들에게 돌려줄 해체 기술 역시 원자력 생태계의 일부라고 생각한다. 그럼에도 원자력 산업 생태계를 이야기할 때, 원전의 건설에만 초점을 맞추는 것이 안타깝다고 전했다.

현 정부 들어 탄소중립녹생성장위원회(탄녹위)가 새로 발족했어요.
정책 현장을 계속 지켜보고 있는데,
정부의 기후 정책이 앞으로 어떤 방향으로 갈 것 같나요?

10차 전력수급기본계획 초안이 최근 나왔어요. 에너지 부문은
정부가 원전을 강조했기에 배출량을 원전으로 맞출 것이라는 점
은 이미 예견된 것이었고, 2030NDC에 따라 재생 에너지를 어
떻게 할 것인가가 관심이었는데 사실 20%이든 30%이든 현재의
7.5% 수준 입장에서 보면 다 쉬운 길이 아니에요. 실제로 얼마나
건설되냐는 측면에서 접근해야 된다고 봐요.
그리고 배출권 거래제는 분명히 공약집에서 유상 할당을 대거
늘리겠다는 의지를 보였는데, 다른 한편으로는 기업들 경영하기
편한 환경을 만들겠다는 정책을 펴고 있잖아요. 그러면 서로 상
충되지 않을까… 어쨌든 지켜봐야 할 것 같습니다.

정부가 바뀌면서 기후 관련된 정책들이 바뀐다는 지적이 많습니다. 정권에 따른
변동이 심해지면 일관성을 갖고 꾸준히 추진하기가 어렵지 않겠습니까.

그렇죠. 그런 관점에서 볼 때 집중호우, 태풍과 같은 재해가 다시
금 의사결정자들에게 경종을 울려주지 않을까 생각합니다. 지금
당장 온실가스를 감축한다고 하더라도, 결국 누적 효과 때문에
당장은 기온이 계속 올라갈 수밖에 없고, 앞으로 각종 기후변화
로 인한 재난재해는 최소 몇 년간은 늘어날 수밖에 없잖아요.

기후 위기가 자본주의 발달로 생겨난 것이기에 반자본주의적 행동으로
기후변화를 멈추자는 목소리도 적지 않아요. 이런 생각들에는 어떤 견해인가요?

액션이 지속 가능하려면 결국엔 모든 층위를 아우를 수 있는 무

언가가 필요하지 않을까 싶습니다. 5천만 대한민국 사람한테 전부 다 욕심 버리라고 한들 과연 버릴 사람이 몇이나 될까의 관점에서 본다면, 진짜 지속 가능한 게 무엇인지에 대해서 좀 고민을 해봐야 하지 않을까 하는 생각이 일차적으로 드네요.

다음으로는 정부가 기후와 관련해 어떤 제한을 한다고 했을 때, 그것을 규제받는 것으로 느끼지 못하도록 할 수 있는 세련된 방법을 찾아야 하지 않을까 하는 것입니다. 예를 들면 무단횡단하면 벌금을 내라고 하는 것도 방법이지만, 애초에 무단횡단을 못하게 펜스를 치거나 일부 도로를 보행자 전용 도로로 만드는 것도 방법이니까요.

우리나라 연간 1인당 온실가스 배출량이 14톤 정도 됩니다.
산업구조 때문이기도 하지만, 현재 우리 생활 패턴을 보면 선진국보다도
훨씬 더 많은 온실가스를 배출하고 있는 것은 분명한 것 같아요.

종종 강연에 가면 '우리들이 어떻게 하면 될까요'라는 질문이 가장 많아요. 가장 어려운 질문이에요. 왜냐하면, 각자가 처한 환경이 다 다르고 각자의 삶의 패턴이 다 다르기 때문이죠. 제가 '이렇게 하세요'라고 감히 말할 수가 없어요. 정답은 누구나 알고 있죠. 자동차 타지 말고 걸을 수 있는 건 걷고, 대중교통을 이용하고, 자전거를 타고, 전등 끄고, 물건 살 때 제품별로 카본 풋프린트(탄소 발자국)를 갖고 판단하고…. 그 정도까지는 이야기할 수 있지만, 거기서 플러스알파는 쉽지 않습니다. 그건 좀 더 고민해봐야겠습니다.

박 기자처럼 기후변화를 취재하는 기자 직업을 희망하는 학생들이 있다면
어떤 조언을 해주고 싶나요.

회사에 인턴들이 꽤 있잖아요. 점심을 먹으면서 툭 터놓고 이런
저런 얘기를 많이 합니다. 저는 '정말 이거 아니면 안 돼'라는 생
각을 가지지 않은 이상 다른 일을 찾으라고 얘기하는 편이에요.
왜냐하면, 치열한 경쟁률을 뚫고 들어왔는데, 업무 환경이 만족
스럽지 못할 거에요. 요즘 청년들이 흔히 이야기하는 '워라벨' 측
면에서 기자는 완전 꽝인 직업이잖아요. 그러나 스스로가 일에
대해 뿌듯함을 느끼거나 만족감을 느끼는 사람들이라면 강추합
니다.

JTBC 기자
# 박상욱

JTBC 기자로 기후·환경·에너지 분야에서 다양하고 깊이 있는 특종 보도를 해오고 있다. 가끔 재난 방송이나 선거 방송 생중계 시 앵커로 활동한다. 2019년 11월부터 매주 월요일 '박상욱의 기후 1.5 : 먼 미래에서 내 일로 찾아온 기후변화'를 연재하고 있다.

2019년 한국기후변화학회 기후변화 언론인상, 2021년 세계 기상의 날 기상청장 표창, 2021년 기후변화센터 그랜드 리더스 어워드(개인 부문), 2021년 한국과학기자협회 올해의 의과학취재상(환경 부문), 2022년 한국수자원학회 언론인상, 2022년 방송기자연합회 이달의 방송기자상, 2022년 환경재단 세상을 밝게 만든 사람들 등의 상을 받았다.

저서로는 『기후1.5℃ 미룰 수 없는 오늘』과 환경부와 교육부가 공동 발간한 기후변화 및 저탄소 생활 중등교재 『기후변화는 느리게, 우리의 대응은 빠르게』, 『잠깐! 이게 다 인권 문제라고요?』 등이 있다.

# 기회를
# 발견하다

: 기후변화에서 경제 가치를 창출하는 창조자들

○

# 기후 문제,
# 환경 넘어
# 경제 문제 돌파구 되다

스마트에코 대표
**김 익**

By. 송 찬 영

*"Chase after environmental footprints."*
실천 가능한 범위에서
소비를 줄이는 것이 가장 중요하다.

우리가 하루를 살아가는 동안 지구 환경에는 어떤 영향을 미쳤을까? 특히 기후변화를 초래하는 온실가스는 얼마나 배출했을까?

우리가 소비하는 모든 것에 대한 원료채취, 제조, 유통, 폐기 전 과정에서 발생하는 지구 온난화 영향을 수치로 나타낸 것이 탄소 발자국이다. 물에 대한 영향은 물 발자국, 생태 영향은 생태 발자국으로 환산해 환경에 미치는 영향을 알아낼 수 있다.

기후변화 완화에 대한 중요성이 커지면서 각 국가는 각종 제품에 탄소 발자국을 적용하고 있다. 우리나라의 경우 환경 성적 표지 제도와 저탄소 제품 인증을 시행하고 있고, EU는 핸드폰과 전기 자동차 배터리 등에 대한 온실가스 배출 평가 결과를 문서화해 웹사이트에서 공개하고 있다.

김익 스마트에코 대표는 환경 발자국(LCA: 전 과정 평가) 분야에서 세계적인 전문가다. 한국 대표로 관련된 국제 표준인 ISO 14040와 14044(전 과정 평가 인증), 14046(물 발자국)과 ISO 14067(탄소 발자국) 등을 만드는 것을 주도해 오고 있다.

기후변화로 바뀌고 있는 환경 규제 관련 산업 동향과 실제 일반인들이 지구 환경 영향을 줄일 수 있는 실천 방안, 관련 분야 전문 인력이 되는 방법 등에 대해 김익 스마트에코 대표의 이야기를 들어보자.

# 거스를 수 없는 국제 환경 규제, 선택 아닌 필수

환경에 관한 관심이 높아지면서 탄소 발자국, 생태 발자국 등의 단어가 생소하지 않게 됐다. 발자국은 우리가 살아가면서 환경에 영향을 미치는 것을 상징적으로 비유한 단어가 됐다. 자원, 오존, 산성비, 부영양화, 광학 스모그, 물 등도 발자국으로 표시하고 있다.

핸드폰을 예로 들면, 탄소 발생량은 얼마나 되고, 물 소비와 미세먼지 발생은 어느 정도인지 알 수 있다. 오존의 영향이나 사람한테 어느 정도 독성이 있는지도 파악할 수 있다. 우리나라는 2001년부터 환경 성적 표지 제도를 운영하고 있는데, 제품의 해당 환경성에 관한 정보 영향범주별로 표시하고 있다. 평가는 전 과정 평가(LCA: Life Cycle Assessment) 방법론을 이용한다. 환경 영향 평가가 직접적인 환경 이슈만을 다룬다면 LCA는 간접적인 영역까지 다룬다.

우리는 살아가면서 어쩔 수 없이 각종 식료품, 물, 에너지를 소비해야 한다. 이를 생산하기 위해서는 토지가 필요하다. 우리가 소비하는 에너지나 재화를 만들기 위해서 얼마만큼의 토지 면적이 필요한가라는 것이 생태 발자국이다. 탄소 발자국, 오존 발자국, 물 발자국 등이 결과론적 개념이라면, 생태 발자국은 원인론적 입장의 개념이라고 할 수 있다.

LCA(life cycle assessment: 환경 전 과정 평가) 영역에서 탄소 발자국 외에
최근에는 스콥3(SCOPE3)라는 개념도 주목받고 있습니다.
이 두 가지 개념은 같은 건가요?

원료 채취, 제조, 유통, 폐기 전 과정에서 발생하는 지구 온난화 영향, 다시 말해 탄소 배출을 정량화한다는 점에서는 같고, 표현 방식이나 쓰임 분야는 다르다고 할 수 있습니다. 가령 탄소 발자국은 소비자들의 친환경 소비에 초점을 두어 '두루마리 화장지 1개 생산 시 283g'이라고 제품에 표시한다면, SCOPE3 용어는 국가 온실가스 인벤토리를 산정할 때 주로 쓰입니다. SCOPE1은 사업장의 직접 배출량 산정을 의미하고, SCOPE2는 전기나 열 등 간접 배출량 계산 영역을 뜻합니다. SCOPE3도 여러 개로 나눌 수 있지만, 통칭해 SCOPE1, 2를 포함해 생산부터 소비 전 과정의 배출량 산정이라고 이해해도 됩니다.

SCOPE3가 주목받는 이유는 SCOPE1과 SCOPE2만으로는 탄소를 정확하게 산정하기 어렵기 때문이에요. 최근 국제지속가능성 기준위원회(ISSB)나 미국 증권감독위원회(SEC)가 SCOPE3 기후공시를 이야기하고 있습니다. 가령 미국 증시에 상장한 우리 기업의 경우 자신들의 사업장 외에 하청 준 중소기업의 배출량까지 산정해 보고해야 합니다. 그게 SCOPE3입니다.

유럽의 탄소 조정 국경세의 경우도 마찬가지예요. 수출로 지탱하는 우리나라 입장에서는 이 기준을 꼭 맞춰야 하기 때문에 관련해서 전문인력 수요가 급격히 늘어나고 있는 상황입니다.

미국 증권거래소 공시나 EU의 탄소 국경 조정 제도 등에
우리 기업들의 준비는 잘 되고 있는 상황인가요?

글쎄요. 우선은 미국의 증권 시장에 진출하고 있는 기업이 1차 대상인 것인데요. 앞으로는 미국 시장에 진출했거나 주식 시장에 진출한 기업하고 직접 거래하고 있는 국내 업체도 대상에 포함됩니다. 대기업들은 자체적으로 그걸 할 수 있을 만한 역량이 충분하기 때문에 아직까지는 큰 문제는 없을 거예요. 하지만 그 대기업도 중소기업에 하청을 주고, 계속 하청에 또 하청을 주고 있지 않습니까. 결국, 대기업 본인들이 데이터를 가지려면 하청 중소기업 데이터도 가지고 있어야 하는데, 중소기업은 준비가 많이 부족합니다. 또 중소기업이 미국 증권거래위원회 상장 기업과 직접 거래한다면 많이 어려워지는 거죠. 그래서 수출 위주의 중소 중견기업을 대상으로 준비가 많이 진행돼야 한다, 그렇게 생각합니다.

SCOPE3 관련해서 현재 산정하고 있는 총배출량 중
누출되는 양은 어느 정도 될까요?

영국의 한 글로벌 컨설팅 회사의 자료를 보니, 전체 온실가스 배출량 중 SCOPE3 비중이 80%라고 합니다. 애플의 전 세계 배출량을 분석했더니, SCOPE1, 2 합해도 1%가 안 된답니다. 99%가 SCOPE3라고 합니다. 우리나라도 원자재나 소재를 수입해서 가공해 완제품을 수출하는 제조업 비중이 크므로 SCOPE3 비중이 아주 높을 것으로 봅니다. 그런데 주의해야 할 것은 애플의 경우 자회사까지 포함해서 전부 RE100을 하지 않으면 안 됩니다. SCOPE2도 전부 신재생 에너지인 것이죠. 이건 온실가스 배출이

제로에 가까운 거예요. SCOPE3 부품사 협력사들에서 나오는 온실가스 배출량인데, 앞으로 전부 다 RE100 선언에 동참시킨다는 것이 애플 생각인 거예요. 우리나라 삼성전자도 애플 협약사에 포함돼 있어요. 삼성전자도 최근에 RE100 동참을 선언했습니다.

정부에서 환경 성적 표지와 환경 마크 제도를 시행하고 있습니다.
이 제도 도입을 주도해 온 것으로 알고 있습니다.

흔히 환경 성적 표지 제도와 환경 마크 제도가 같다고 보는데, 사실 전혀 의미가 다른 제도입니다. 태생도 다르고요. 환경 마크는 친환경이라는 의미를 가지고 있습니다. 우리가 소비하는 소비재 제품이 친환경이냐 아니냐는 것을 표시하는 것이 환경 마크입니다. 생산 공정에서 온실가스 배출량이 적은 에너지를 쓴다든지, 생산 공정의 효율화를 통해 폐기물 발생량을 줄이는 긍정적 부분이 있습니다. 중요한 것은 제품을 만드는 과정에 쓰이는 소재를 온실가스 배출량이 적은 것으로 써야 친환경 제품이 됩니다. 환경 성적 표지는 친환경 완제품을 만드는 설계자에게 자재 선택 시 도움을 주는 제도입니다. 가령 설계자 입장에서 우리는 온실가스 측면에서 좀 더 배출량이 적은 자재를 쓰겠다, 아니면 자원 소비가 적은 자재를 쓰겠다는 생각을 충족시킬 수 있도록, 관련 정보를 알기 쉽도록 제공하는 역할을 하는 것이죠.

그렇다면 환경 성적 표지 제도는
일반 소비자들을 대상으로 한 것이 아니었네요.

그렇습니다. 제품을 생산하는 과정에서 친환경적으로 설계하도록 하기 위해 도입됐습니다. 제도 초기에는 완제품 위주로 운영

됐습니다. 그런데 문제가 생겼습니다. 초기에는 인증을 받으면 홍보 효과가 있으니까 대기업에서도 적극적으로 인증을 받았습니다. 하지만 3~5년 지나면 홍보 효과가 상당히 적어지거든요. 그럼 인증을 안 받아요. 그러다 보니 완제품 단계에서 환경 성적 표지 정보를 요구하는 경우도 없어졌습니다.

지금은 환경 성적 표지 인증이 대부분 소재 부문에서 이루어지고 있습니다. 실제로 최근 탄소 중립으로 국제 환경 규제가 강화되면서 해외에서 환경 성적 표지에서 $CO_2$ 배출 정보를 요구받는 경우가 갈수록 늘어나고 있어요. 거기서 요구하는 자재들은 대부분 플라스틱, 철강, 섬유와 같은 것들이에요. 이것은 제대로 된 흐름으로 가고 있다고 봅니다.

**환경 성적 표지를 국내뿐만 아니라 해외에서도 사용 가능한가요?**

우리나라 환경 성적 표지는 내수품만 대상입니다. 해외에서 수입되더라도 국내에서 판매 되는 것은 인증 대상이 됩니다. 내수품 중에서 1차 농수축산물, 임산물은 제외입니다. 의약품 및 의료 기기도 제외입니다. 산업부 생산기술연구원에서는 해외 수출 품목들에 대한 인증 제도를 별도로 만들었고, 농림부에서는 1차 농산물하고 축산물에 대해서 인증 제도를 만들었습니다. 산림청에서는 임산물에 대해서 인증 제도를 만들었습니다. 수산물은 해수부 쪽에서 데이터베이스까지는 만들었는데 아직 제도까지는 못 만들었습니다.

# '친환경'에 대한 오류적 사고

일반적으로 친환경적인 생활이라고 하면 천연재료로 만든 제품을 사용하거나 텀블러를 쓰고, 비닐봉지 대신 에코백을 사용하는 것을 생각한다. 쓰레기 분리를 잘하고, 재활용이나 새 활용을 하는 것도 친환경적이라고 말한다. 또한, 일반 자동차보다는 전기 차나 수소 자동차를 사용하는 것을 친환경 생활이라고 인식하고 있다. 대체로 맞는 이야기지만, 꼼꼼히 들여다보면 친환경이 아닐 수도 있다. 가령 텀블러를 사용하기는 하지만 사놓고 몇 번 사용하지 않는다면 차라리 종이컵을 사용하는 것이 친환경적일 수 있다. 에코백도 마찬가지다.

자동차의 경우 주행 중에 연료를 연소하므로 다량의 온실가스를 배출하는 반면, 전기 차와 수소 차는 주행 중에 온실가스를 전혀 배출하지 않는다. 그렇다고 전기 차와 수소 차가 진짜 온실가스를 배출하지 않을까?

자동차의 전 과정 단계 중 에너지인 전기의 생산과정을 살펴보면, 일반적으로 전기는 발전소 발전 과정에서 다량의 온실가스를 배출한다. 태양광이나 풍력보다는 가스 발전, 가스보다는 석탄 화력 발전의 온실가스 발생량이 더 많다. 수소 역시 석유 화학 원료인 납사를 스팀으로 분해하는 방식, 또는 물을 전기분해하는 방식 등 수소를 만드는 방식에 따라 온실가스 발생량이 달라진다.

이처럼 자동차의 주행 과정만 보면 전기 차와 수소 차에서 온실가스가 발생되지 않는 것처럼 보이지만, 에너지인 연료 생산 과정을 포함 자동차 생산·운행·폐기 전 과정으로 시야를 확장하면 온실가스가 발생하는 것을 알 수 있다.

친환경 관점에서 천 기저귀와 일회용 기저귀에 대한 시각에서도 유사한 오류가 있다. 일반적으로 일회용 기저귀에 비해 천 기저귀가 친환경적이라고 생각할 것이다. 하지만 2005년 영국에서 진행한 이들 제품 간 환경성 비교 분석 보고서를 보면, 자원고갈 측면에서 일회용 기저귀가 천 기저귀보다 최대 2.3배 영향이 큰 것으로 나타났다. 지구온난화 영향은 일회용 기저귀가 가정에서 세탁하는 천 기저귀의 61%에 불과했다. 천 기저귀를 세탁하는 과정에서 사용하는 물과 전기, 세제, 섬유유연제를 생산하는 과정이 일회용 기저귀를 생산하는 과정보다 환경 영향이 컸기 때문이다.


유럽의 전기 차 논쟁을 보면, 현재 전기 차 에너지인 전기가
석탄이나 화력에서 상당 부분 나오는 데서 기인한 것 같습니다.
이런데도 전기 차를 친환경 차라고 볼 수 있을까요?

세계적으로 신재생 에너지 보급률이 갈수록 높아지고 있고, 결국은 신재생 에너지로 운행하는 전기 차가 계속 늘어날 겁니다. 신재생 에너지를 만들어 놓고 나서 전기 차를 보급하는 것은 너무 늦어요. 그래서 전기 차 인프라를 깔아놓고, 그 다음에 신재생 에너지 비중을 높여가는 흐름이 있는 거죠.

저 역시 가급적 소비를 줄이려고 합니다. 필요 없는 것은 받거나 사지 않으려고 노력합니다. 삶을 영위하는 과정에서 누구나 환경부하를 발생시킬 수밖에 없어요. 중요한 것은 필요하지 않은 일을 하지 않는 것이라고 봅니다. 개인적으로 건강을 생각해서라도 자전거로 출퇴근하기도 합니다. 자동차는 전기 차를 이용하고, 지방 출장 시에는 대중교통을 이용하죠. 텀블러나 에코백은 쌓아놓지 않고 오래 자주 쓰려고 노력하지요.

일반인 입장에서 어떻게 하는 것이 친환경적인 삶인가 고민하고 있습니다.

환경 성적 표지 제도 정보를 파악해서 구매하는 것도 좋은 방법입니다. 그러나 일반인에게 그런 식의 소비 패턴을 이야기하는 것은 실천 가능하지 않은 듯합니다.

가장 쉬운 방법은 불필요한 소비를 하지 않는 것이라고 생각합니다. 요즘 온라인 쇼핑을 하면 배달이 오는데, 비용도 문제지만 환경 측면에서 볼 때 상당히 나쁘다고 봅니다. 독일의 환경 교육 사례를 보면, 불필요한 소비를 죄악으로 여기게끔 어렸을 때부터 교육을 시켜요. 저는 그게 맞다고 봅니다. 과소비하지 않고 계획된 소비만 하더라도 소비자로서 할 수 있는 역할은 충분히 다 하는 게 아닌가, 그다음에 국가 시스템에 의해서 탄소 중립을 하는 과정에서 고탄소 제품을 시장에서 자연스럽게 퇴출해 가는 것입니다.

# 에너지 소비를 줄이면
## 생산 효율이 높아진다

각국의 환경 규제는 지속 가능성에 무게를 두고 있다. 이를 위해서는 경제성과 환경성, 두 마리 토끼를 잡아야 한다.

에너지 소비를 줄이는 것은 온실가스 배출량만 줄이는 것이 아니라, 회사 제조 원가를 줄이는 것이기도 하다. 생산 과정에서 폐기물 발생량을 줄이면 온실가스도 줄고 제조 원가도 절감되어 결국 생산 효율이 높아지기 때문이다. 결국 환경 영향을 줄이는 것이 기업의 원가 경쟁력을 높이는 방안이 된다.

여기에 요즘 새롭게 이슈화되고 있는 것이 소셜(Social)이다. 그 중에서도 가장 강력한 것이 바로 ESG. 지속 가능이란 우리 사회가 공통의 번영을 위해서 앞으로 나아가자는 의미로, 환경 문제가 우리의 삶에 지장을 주지 않도록 하기 위해 환경(Environment)에 대한 관심이 높아지고 있다. 또한, 비리, 부정부패, 안전, 노동, 보건 등 이러한 사회적 문제도 사람이 살기 어려운 구조를 만들게 되므로 사회(Social)적 문제와 기업의 지배 구조(Corporate Governance)에도 관심이 커지고 있다.

ESG에서 가장 중요한 것은 사실 금융이다. ESG에 문제 있는 기업에게 투자 하지 않기 때문이다. 그래서 각 기업들이 기후변화에 해당하는 'E'에 관심을 가지고 투자하고 있는 것이다. 이런 까닭에 기후 문제는 환경 문제를 넘어 경제적 문제, 미래 핵심 키워드가 되고 있다.

**저탄소 제품은 어떤 과정을 통해 인증 되나요?**

저탄소 제품 인증은 2단계 인증 절차를 거치죠. 1단계는 인증을 받고자 하는 원제품 자체의 온실가스 배출량을 전 과정 평가를 통해 산정하면 그 제품에 대한 온실가스 배출량이 나옵니다. 이 것이 기준(베이스라인) 배출량이 됩니다. 어디에서 얼마만큼 발생 하는지 데이터를 보면 그것을 통해서 줄일 수 있는 부분이 생기 겠지요. 그러면 인증받고자 하는 업체가 원료 대체, 공정 개선을 통해 온실가스 배출량을 줄여요. 그렇게 되면 기존에 받았던 인 증 제품보다도 온실가스 배출량이 줄어들게 되고, 줄어드는 양 이 환경부의 저탄소 제품 인증 기준에 부합하면 저탄소 인증을 주는 겁니다.

**저탄소 인증 제도는 외국에도 있나요?**

얼마 전까지는 우리나라밖에 없었는데, 대만에서 우리의 인증 제 도를 벤치마킹해서 운영하고 있습니다. 그런데 활성화가 좀 덜 된 상태인 듯하고, 유럽에서도 일부 국가에서 인증 제도를 시행 하고 있지만 대부분 활성화되지 않은 것 같습니다. 영국에서는 카본트러스트(Carbon Trust)라는 비영리 기관이 있는데, 측정·감 축·탄소 중립 3가지로 나누어 저탄소 인증 제도를 운영하고 있 습니다.

**그렇다면 저탄소 인증 제도는 우리나라가 앞서 가는 편이네요.**

이 분야에 있어서는 상당히 앞서 있죠. 영국의 경우 기존 제품보 다 온실가스를 줄였을 때(카본 리덕션) 줍니다. 하지만 사람들은 그것을 친환경으로 받아들이지는 않습니다. 반면에 로우 카본(저탄소)이라고 하면 친환경이라고 생각해요. ISO표준에서도 로우 카본(LOW CABON)과 카본 리덕션(CABON REDUCTION)에 대한 용어 정의를 명확하게 구분하라고 합니다. 소비자들이 오인할 수 있기 때문이죠.

우리나라의 저탄소 인증 제도는 로우 카본과 카본 리덕션을 하이브리드 한 겁니다. 원래 두 기준을 다 만족시켜야 저탄소 인증을 줄 수 있도록 설계됐는데, 기업 부담이 너무 크다고 둘 중 하나만 만족시키면 저탄소 제품 인증을 주고 있는 것이죠.

로우 카본과 카본 리덕션 개념이 조금 헷갈리네요.

똑같은 휴대폰을 만드는 A, B, C 업체가 있다고 합시다. A와 B 업체는 10년 전부터 온실가스를 줄이기 위해서 노력해 왔어요. 일반적으로 휴대폰 만들 때 한 대당 온실가스 배출량이 1,000g 정도의 $CO_2$가 나온다고 볼 때, A와 B 업체는 온실가스 감축 노력으로 700g으로 줄였어요. 그런데 C 업체는 감축 노력을 하지 않아서 1,000g이 그대로 나와요. 그럼 이 세 개 업체를 가지고 평균을 내면 800g이 나오겠지요.

로우 카본은 800g보다 낮은 거예요. 800g이 로우 카본 기준이 되는 거죠. 그래서 A와 B 업체는 저탄소 인증을 받을 수 있어요. C 업체는 1,000g이기 때문에 800g까지 내리려면 200g을 줄여야 합니다. 반면에 이미 A와 B 업체는 1,000g에서 700g까지 줄였는데, 600g까지 줄이라고 하면 어렵습니다. 감축률로 보면 똑같은 노력을 했을 때 A와 B 업체보다 C 업체는 그동안에 감축하지 않았기에 감축률이 높죠. 다른 회사들보다 좋은 기술을 써서 그렇다면 의미가 있지만, 그동안 감축 노력을 하지 않아서 감축률이 높아진다면 그린워싱이 되겠지요.

소비자 스스로 자신들이 구매하려고 하는 제품이
환경에 어떤 영향을 미치는지 궁금할 때 어디에서 정보를 구할 수 있을까요?

두 가지 유형의 소비자가 있습니다. 하나는 내가 구매하고자 하는 제품이 단순히 친환경이냐 아니냐를 생각하는 소비자예요. 일반적인 그린 소비자 대부분이 그럴 거라고 봅니다. 다음은 이른바 더 강한 그린 소비자 즉, 온실가스 배출량이 좀 더 적은 제품의 정보를 원하는 분들이에요.

현재 만족시킬 수 있는 제도는 환경 성적 표지 밖에 없어요. 일반 공산품에서 환경 성적 표지 인증받는 사례가 줄어드는 추세라서 결국 환경 마크를 통해서 친환경이냐 아니냐에 대한 정보밖에 제공이 되지 않고 있습니다. 소비자의 요구가 늘고 있기 때문에 정부에서는 인증 사유를 좀 더 구체화하는 방향으로 환경 마크 인증 제도를 발전시킬 것 같습니다.

소비자들의 이러한 노력이 탄소 중립 등 기후 위기 극복에
어느 정도 기여할 수 있을까요?

각국 사회를 이끌어가는 사람들 중에는 기후 위기의식을 느끼는 사람들이 많다고 봐요. 순환 경제, 자원 순환, 탄소 중립, ESG 등 이런 이야기들이 큰 이슈로 부각되는 것도 이런 이유가 아닐까 싶어요. 이제는 권고를 넘어 의무감을 가져야 하고, 제도적으로도 강제성이 있어야 하지 않을까하는 생각입니다. 우리가 다 같이 적극적으로 동참을 해야죠.

# 환경 문제 해결할 전문가 시급, 전 과정 평가 중요성 대두

행사나 모임 등에서 쉽게 주는 기념품으로 에코백, 텀블러 등이 있다. 이러한 기념품을 살펴보면 대체로 수입된 것으로 판매용에 비해 품질이 떨어지는 경우가 있다. 이런 제품은 집안 어딘가에 있다가 버려지기 일쑤다. 환경을 위한다고 제작된 에코백, 텀블러 등은 전 과정 평가에 따르면 오히려 온실가스 배출을 늘리는 등 환경에 악영향을 끼쳐온 것으로 파악된다.

기후 시민이라면 우리가 소비하는 제품의 생산부터 폐기 전 과정에 걸쳐 발생하는 발자국, 다시 말해 전 과정 사고(LCT: Life Cycle Thinking)가 필요하지 않을까 싶다.

아울러 LCA 전문인력 상황과 현재 인력 배출 교육체계를 보면, 기후에 대한 우리 사회의 전형적인 움직임을 보는 듯하다. 기후 시장은 급격히 커지고 있는데, 제도권 교육 현장인 대학에는 LCA 전공학과 한 곳조차 없는 실정이다. 정부나 기업들에게 오래전부터 인력 양성의 필요성을 예고해 왔지만, 지금은 발등에 떨어진 불이 되어 급하게 인력을 구하느라 분주하다. LCA 뿐만이 아닌 것이다. 기후 관련 다양한 전문인력을 양성하기 위해 좀 더 세밀한 그리고 당장의 행동이 필요한 시점이다.

일하는 사람들의 기후변화

전 과정 평가(LCA)가 기후 분야에서 주인공은 아닌데,
약방의 감초처럼 꼭 필요한 영역으로 주목받는 것 같습니다.

말씀하신대로 LCA는 그 자체로는 존재하기 어려워요. 요즘 환경 관련 3가지 이슈를 꼽으라면 탄소 중립, 순환 경제, ESG예요. 탄소 중립을 하려면 탄소 배출량을 정확히 산정해야 하니까 LCA가 필요하고, 순환 경제 효과 분석을 하려면 LCA 외에 방법이 없어요. 기업에서 환경 관련 새로운 전략을 펴기 위해서는 LCA에 근거해야 하고 현실적 대안을 제시할 수 있기 때문이지요.

관련 전문가는 충분한가요?

대학에서 풀타임으로 완전히 전공해서 석사 박사를 다 받은 사람은 200명이 채 안 돼요. 해외에서 석·박사 공부를 하고 한국으로 들어온 사람은 거의 없어요. 컨설팅 업체나 간접적으로 실제 실무 경험에 기반해서 배운 사람까지 합하면 한 300명 정도 될 겁니다. 그런데 지금 기업 수요는 굉장히 늘고 있어요.
현재 인력 수요가 늘어난 가장 큰 이유는 국내 동력에 의해서라기보다, 해외 바이어 요구 때문이에요. 현재는 해외 바이어 중에서 일부만이 전문인력을 요구하고 있는데, 앞으로는 훨씬 늘어날 거라고 봅니다. 최소 지금의 4~5배는 증가할 거라고 생각합니다.

그럼 LCA로 진로를 생각하고 있다면 어떻게 공부해야 할까요?

대학에 LCA 학과가 없어 전공하기는 어렵습니다. 관련된 컨설팅 업체에 취업해서 거기에서 실무 경력을 5년 정도 쌓아야 프로젝트를 맡았을 때 바로 일을 할 수 있는 능력을 갖출 수 있어요.

만약 자기만의 상표를 만들고 싶다면 최소한 몇 년은 더 있어야 하죠.

제가 볼 때 LCA를 잘할 수 있는 백그라운드는 생산 공정을 이해하는 사람이에요. LCA를 하려면 우선적으로 해야 하는 것 중 하나가 프로세스를 중심으로부터 인프라 데이터를 정량화하는 과정입니다. 그러려면 공정을 이해할 줄 알아야 합니다. 공정 이해에는 시간이 너무 많이 들어요. 어떤 공정인지는 상관없어요. 석유화학, 철강, 제조업이든 간에 상관없이 공정을 이해하시는 분은 자기가 알고 있는 공정 이해도를 기반으로 LCA를 만들어나갈 수 있고, 자신만의 어떤 색깔 있는 결과를 얻을 수 있어요. 제조업 분야를 알고 계신 분이 하면 참 좋다고 봅니다.

스마트에코 대표

# 김 익

1993년에 전 과정 평가에 대한 관심을 갖고 공부를 시작해 2004년부터 한국환경산업기술원에서 환경 성적 표지 인증업무를 맡아 운영해왔다. 환경 성적 표지 제도를 운영하는 동안 전 과정 평가와 에코라벨링에 대한 ISO 국제표준화 회의에 약 10여 년간 참여하면서 국제사회가 바라보는 친환경 제품 시장의 방향과 전 과정 평가와 에코라벨이 이를 위해 어떤 역할을 할 수 있는지도 알게 되었다.

2011년부터는 스마트에코(주)를 설립하여 국제사회가 요구하는 환경 정책과 환경 기술 개발에 대한 제안을 끊임없이 해왔고, 세종대학교 기후변화특성화대학원에서 관련 전문인력 양성에 노력하고 있다. 특히, 기업의 친환경 제품 생산을 이끌기 위해서는 소비자의 역할이 가장 강력한 힘이라고 생각하고, 각종 강의에서 녹색 소비의 중요성을 강조해 왔다. 또한 저서 『에코액션』을 통해 소비자들이 왜 녹색 소비를 해야 하는지 알려주었다.

최근에는 기업들이 자사 제품에 대한 환경성을 산정해 볼 수 있도록 지도교수인 허탁 교수와 공저로 『전과정평가』 이론서를 발간했다.

앞으로도 지금처럼 우리 사회의 지속 가능한 소비·생산 문화가 정착되는데 일조를 할 생각이다.

# 기후 금융으로
# 기후 위기의 방향을
# 긍정으로 돌리다

삼성화재 인프라투자1팀 부장
**노재용**

**By. 송찬영**

*"Finance is a powerful tool in the climate crisis."*
기후 금융 시장, 적정 수익은 기본 사회적 책무까지 고려

기후변화 물결이 해수면 상승을 넘어 경제 영역인 산업과 금융을 강타하고 있다. RE100, 탄소 조정 국경세, ESG 경영, 그린-택소노미(Taxonomy) 등이 꼬리의 꼬리를 물고 국가 경제와 산업구조, 기업 경영에 커다란 영향을 끼치고 있다. 핵심 추동력은 자금줄, 바로 금융이다. 환경을 고려한 투자 지침인 택소노미가 만들어지고, 기후를 생각 않는 곳에 투자하지 않게 되자 부랴부랴 저탄소에 관심을 기울이고 있는 형국이다.

여기서 한 가지 의문이 든다. '돈=욕망'일텐데 자본주의 시장경제 체제에서 이익이 안 되는 분야에 자금이 투자될 수 있을까? 그냥 그런 척(Green washing)하는 것은 아닐까?

노재용 삼성화재 부장은 기후변화가 일상생활에 스며드는 것보다 빠른 속도로 우리나라 금융에 파고들고 있다고 밝혔다. 대체 자산 투자자 입장에서 탄소 배출 산업은 ESG 및 내부 규정상 더이상 투자할 수 없고, 투자하고 싶지도 않다고 한다. 도로, 철도 등 SOC, 재생 에너지, 인수 금융 및 선박·항공기 등 한 해 수십조원 규모의 대체 투자 시장의 향배를 결정하는데 핵심적 역할을 하는 그의 지적이기에 결코 허투루 들을 수가 없었다.

기후 금융이라는 또 다른 자본 흐름의 소용돌이, 그리고 또 다른 시장, 전문인력 수급에 대한 이야기에 귀 기울여 보자.

# 산업과 금융을 흔드는
# 기후변화의 물결

보험사는 보험 가입 고객에게 돌려줄 보험금을 준비하기도 하지만, 고객의 자산을 잘 운용해 고객에게 돌려주기도 한다. 또한, 기관 투자자 중 하나로 10년, 20년 장기 투자 관점으로 자본시장에서 국채 등 채권을 매입하고 주식을 운용하며, 대체 투자 수단으로 인프라 및 부동산 자산 등에 투자한다.

노재용 삼성화재 인프라투자1팀 부장은 도로·철도 등의 SOC 자산, 태양광·풍력 등의 재생 에너지 발전, 선박·항공기 금융, M&A 시 인수 금융 등 다양한 대체 투자 업무를 수행하고 있다. 그는 투자 시 순간 타이밍보다는 다양한 네트워크를 통해 투자 거래의 사업 타당성, 기술 타당성, 법률 타당성을 분석해 회사가 고수익 자산에 투자할 수 있도록 하는 역할을 한다.

삼성화재는 손해보험사 중에서 회사 규모가 가장 크다. 2022년 말 기준, 총자산은 87조 원 정도이고, 그중 운용자산은 70조 원 정도다. 노재용 부장은 이 가운데 약 7.5조 원 가량의 대체 투자에 직간접적으로 참여하고 있다.

투자에는 항상 목표가 있다. 재생 에너지 투자 과정을 예를 들면, 발전 사업자들이 은행, 증권사 등 주선 기관을 선정해 사업 구조를 만들면 그 주선 기관이 자금을 모집한다. 주선 은행이 다 할 수 없기 때문에 다른 은행이나 보험사에 대출이나 지분 투자를 요청한다. 사업 규모는 1MW급 태양광을 모은(Pooling) 태양광 펀드, 100MW급 규모의 태양광 발전소, 수십 MW급 규모의 육상 풍력, 그리고 100MW급 이상의 해상 풍력 투자까지 다양하다. 이때 프로젝트의 자금 조달을 위한 프로젝트파이낸싱(PF)이 이루어지는데, 삼성화재는 PF 대출에 일부 참여한다.

반대로 쇠락하는 투자도 있다. 석탄 발전은 7~8년 전만 해도 기저 발전으로서 안정적으로 운영되는 발전이기에 리스크가 크지 않았다. 하지만 기후변화에 대한 국내외의 급속한 시각 변화로 정책이 변화되어 수익률에 일정 수준 영향을 미치게 되었다. 이제 우리나라에서는 신규 석탄 발전소 건설도 없겠지만, 있다 해도 신규 투자를 진행하지 않을 것으로 보인다.


금융이나 부동산이 전공이자 업무인데, 박사 논문은 풍력 발전을 주제로 쓰셨어요.

기후변화 완화(Mitigation), 적응(Adaptation) 중에서는 완화를 위한 온실가스 감축, 그중에서 재생 에너지의 한 부문인 풍력 발전을 주제로 논문을 썼습니다. 세계적으로 재생 에너지에 대한 투자가 크게 늘어나고 있고, 우리나라에서도 재생 에너지를 늘리려면 풍력, 그중에서 해상 풍력으로 가야 한다고 생각해 좀 더 깊이 있는 공부가 필요하다고 생각했어요. 지금은 다양한 재생 에너지 분야 투자를 통해 기후변화를 완화하는데 기여하고 있다는 자부심도 갖고 있습니다.

지금의 기후변화를 일으킨 원인 중 하나가 자본의 이익 극대화를 위한
무분별한 개발이 아닌가 싶어요. 그런데 최근 저탄소 분야로 자본이
이동하고 있다고 합니다. 자본이 진짜 기후 환경에 관심이 있는 걸까요?

보험사 기준으로 우리는 사회적 책무까지 고려하기 시작했어요.
사회적 책임투자, 지속 가능 경영 그리고 요즘에는 ESG 등으로
진화하고 있죠. 국내에서는 최대 자금 운용 기관인 국민연금에
서 가장 먼저 ESG 투자 기준을 만들었고, 점차적으로 대다수 기
관 투자자로 확대되고 있는 상황입니다. 그런 방향에서 이제는
자연스럽게 기후·환경을 고려하는 투자가 진행되고 있다고 말씀
드릴 수 있습니다.

대다수 기관 투자자에게 기후 금융 시장은 아직까지 재생 에너
지 시장으로 대표됩니다. 탄소배출권 시장은 국책은행 중심으로
진행되어 왔고요. 재생 에너지 투자에 국한해 말씀드리면, 대형
태양광, 풍력 발전소 건설 시 돈을 빌려주는 것이죠. 저희가 투
자하는 재생 에너지 사업의 경우 적정 수익률이 나오는 것이 우
선이고, 부가적으로 ESG 등을 고려하는 것이죠. 아직은 수익이
안 나는데 재생 에너지에 무조건 투자할 수는 없어요. 그러려면
듀레이션(Duration: 채권의 자금이 회수되는 평균 만기)을 고려해 채권에
투자하는 것(Duration matching: 자산과 부채의 Duration을 일치시켜 위험
요소를 제거하는 전략)이 타당하겠죠.

우크라이나 사태의 장기화가 기후 투자에 미치는 영향이 있나요?

가스나 석유를 러시아로부터 공급받지 못하니까 재생 에너지에
대한 관심이 큽니다만, 전반적으로 공급 교란이 생기고 있어요.
코로나19까지 더해져서 풍력 발전 같은 경우 MW당 비용이 더

올라가고 있어요. 사업자로서는 답답할 것입니다. 부품도 제때 수급이 안 되고요. 미국 달러가 더 세졌잖아요. 기자재는 외산인데, 환율이 오르면서 사업비가 올라가고 있어요. 재생 에너지 투자에는 악영향을 미치는 요소입니다. 가령, 과거에 100MW에 1,000억 원이 필요했다면 지금은 1,200억 원, 1,300억 원이 들어가는 것이죠. 이러면 사업성이 떨어지죠. 이 사태가 더 장기화된다면 재생 에너지뿐만 아니라 다른 어떤 신규 투자도 다 어려워집니다.

# 태양과 바람에
## 투자하다

재생 에너지 보급은 최종에너지 소비 중 전력 부문에서 가장 적극적으로 이루어지고 있다. 에너지경제연구원이 발간한 『국제 신재생 에너지 정책 변화 및 시장 분석』(2021)에 따르면 최종에너지 소비를 열, 수송, 전력으로 나누었을 때 재생 에너지 보급은 전력이 27.1%, 열 10.2%, 수송 3.4% 순으로 전력 부문에서 재생 에너지 보급이 가장 활발히 이루어지고 있었다.

코로나19 상황에도 태양광과 풍력 위주로 보급이 증가해 2020년 태양광과 풍력이 전원구성에서 차지하는 비중은 역대 최대였다. 코로나19에 따른 경제봉쇄로 에너지 총수요가 감소하고 재생 에너지 전력이 우선적으로 공급되었기 때문이다. 2021년 글로벌 재생 에너지 신규 발전 설비는 257GW(태양광 133GW, 풍력 93GW)로 2020년 대비 21GW 증가했다.(자료: IRENA)

블룸버그 뉴에너지파이낸스(BNEF)에 따르면 2022년 상반기만 세계적으로 재생 에너지에 투자된 자금은 총 2,260억 달러(약 295조 5,800억 원)에 달한다. 재생 에너지 투자는 2018년 1,387억 달러에서 매년 크게 증가해 왔다. 우크라이나 전쟁으로 재생 에너지의 필요성이 더 커지면서 투자자들이 늘고 있는 상황이고 특히, 해상 풍력 발전 단지 신설을 위한 투자가 급증하고 있다.

재생 에너지는 주로 태양광과 풍력 발전에 대한 투자인데, 최근에는 연료 전지에 대한 투자도 적지 않다. 연료 전지는 24시간 운행되기 때문에 태양광 및 풍력 발전보다 이용률이 높다. 아직 LNG에서 나오는 수소(그레이 수소)를 쓰는 한계가 있지만, 정부에서도 수소 경제 활성화를 위한 정책을 제시하고 있어 향후에는 탄소 포집 기술을 적용한 수소(블루 수소), 그리고 재생 에너지를 통해 얻은 전기 에너지로 물에서 수소와 산소를 생산하는 그린 수소 활용까지 연료 전지 부문이 태양광, 풍력과 함께 3대 투자 축이라 할 수 있다.

재생 에너지별 투자 금액이나 수익은 어느 정도일까요?

　　저희가 투자하는 태양광 중에는 100MW급도 있고, 작은 것은 1MW도 있어요. 각 프로젝트마다 사업 지역, 송배전망 연결 여부 등에 따라 다양하지만, 일반적으로 설치 비용이 태양광은 1MW당 대략 15억 원, 육상 풍력은 25억~30억 원 정도 됩니다. 육상 풍력은 주로 30~40MW로 1,000억 내외 규모인데, 해상 풍력은 100MW 이상 규모로 5,000억~수조 원 단위까지 사업 규모가 큽니다. 보험사는 아직까지 대출참여 중심이니까, 적정 대출 금리 수준에서 금융이 진행됩니다.

　　여하튼 각 발전원의 에너지 균등화 비용(LCOE)이 다른데 대출 금리가 유사한 것은 풍력은 태양광보다 설치비(C)가 비싸지만 REC 가중치가 높으니까 가격(P) 측면에서 더 보상받고, 풍력의 이용률(Q)이 태양광보다 높으니까 이렇게 저렇게 맞춰지기 때문입니다.

우리나라는 지금까지 태양광 중심이었습니다.
영국은 태양광이 굉장히 미미하고, 풍력 규모가 엄청 큽니다.
왜 이렇게 차이가 날까요? 햇빛이나 바람 등 자연 환경요인이 큰 걸까요?

여러 가지 요인이 있습니다. 말씀하신 것처럼 첫 번째는 각국의 자연환경이 다릅니다. 다시 말해 잠재 발전량이 다르죠. 또 나라마다 발전원의 단가가 다르고 국가별 발전 믹스 전력이 다르죠.

태양광의 경우, 미국의 애리조나주나 캘리포니아주는 하루 6시간 이상 발전할 수 있어요. 칠레나 적도 인근 고산지역은 7~8시간 발전이 일어나요. 우리나라는 3.5~4시간에 불과해 칠레의 절반이죠. 풍력의 경우 영국은 이용률이 40~50%대에요. 미국의 로키산맥은 40% 수준이고요. 반면 우리나라 육상 풍력은 20~25% 정도예요.

발전 단가도 모두 다릅니다. 설사 같은 제품을 이용한다 해도 물류 비용이 다르고, 인허가 비용이 다 달라요. 땅값도 다르고요.

재생 에너지를 생산하는 측면에서도 우리나라의 경쟁력이 외국에 비해 떨어지면 국내 투자 보다는 오히려 외국에 투자하는 것이 나을 수도 있겠네요.

신재생 에너지 인증서(REC)든 고정가격계약 매입(FIT)이든 정부에서 받쳐주니까 유지되는 겁니다. 그렇지 않으면, 재생 에너지 보급이 안 돼요. 한국전력공사도 그래서 일정 부분 적자가 심화되고 있다고 봐요.

투자자 입장에서는 정부가 여러 가지 다른 부분으로 보존해주기 때문에 손해를 안 본다는 말이네요.

그래서 덴마크의 CIP, 오스테드, 독일의 RWE 등 해외의 개발사들이 우리나라에 엄청나게 들어오고 있어요. 신용등급 AA0 국가이면서, 재생 에너지 발전 비율이 아직 10%가 안 되는데 2050 탄소 중립을 달성하기 위해 명확한 성장전략이 있으니까 관련 재생 에너지에 지분 투자하려고요. 그들은 아직 더 가져갈 게 있다고 판단하는 거예요.

우리나라 재생 에너지에 대한 사회적 수용성이 매우 낮잖아요. 사회적 수용성을 높일 방법은 없을까요?

민원이 과도하고, 인허가 과정도 어렵습니다. 해결을 위한 '원스톱' 기구가 필요하지 않나 생각합니다. 현재, 규모가 작은 것은 지자체가, 큰 것은 산업통상자원부가 허가권을 갖고 있는데, 지자체도 다 생각이 달라요. 중앙정부 간에도 다르고요. 민원은 당연히 해결 해줘야 하지만, 어느 선까지 해야 할지 어려움이 많아요.

가령, 민가 1km 이내에 풍력이 있어 소음 때문에 힘들다면 보상 해줘야 한다고 봅니다. 그런데 10km 밖에 있는 사람이 멀리서 자연경관에 싫다고 보상해달라고 하면 보상해줘야 할까요? '민원을 안 하면 손해다', '무조건 반대해야 보상받는다'는 생각이 너무 팽배한 게 아닌가 싶습니다. 홍보를 통해, 장기적으로 재생 에너지가 민원인들에게 돈보다는 미래를 위한 투자라는 생각을 갖도록 하고, 다음 세대를 위한 투자라는 점을 인식시켜야 한다고 생각합니다.

탄소 중립을 위한 우리나라의 2030년 재생 에너지 보급 목표가 30.2%에서 21.1%로 하향 조정될 것으로 보입니다. 목표 달성이 가능할까요?

앞선 30% 목표는 구체적 정책이 뒷받침되지 못하고, 숫자로 맞췄다는 생각이 들어요. 최근 신재생 에너지 정책심의회에서는 21.6%로 논의했어요. 이건 목표치고는 좀 낮은 것이 아닌가 싶어요.

24~25%를 목표로 해야 20% 이상을 해내지 않을까 싶습니다.

정부가 원전을 확대하는 기조를 발표했는데, 실행 가능할까요?
임기 안에 새로 지을 수 없고, 그럼 기존 원전 사용 기간을 연장하겠다는
의미일 텐데요.

앞서 말씀드린 대로 기존 2030NDC 재생 에너지 30% 목표는 보
고서상에서 만들어진 숫자다 보니 결국 그 간격을 채울 수 있는
것은 원전 밖에 없어요. 석탄 발전은 전 정부든 현 정부든 그 비
중을 낮추기로 했으니 말이에요. 에너지 수요 자체를 줄이는 것
은 기본이고, 재생 에너지 발전 비율이 올라가지 않으면 원전을
더해야겠죠. 그런데 말씀하신 대로 원전을 확대한다고 하지만 기
존에 건설하다 중단한 것을 건설개시 하는 것 외에 신규 원전 건
설은 없으니 기존 원전 사용 기간을 늘리지 않고서는 한계가 있
는 것이 사실입니다.

우리나라에서 재생 에너지 하는 곳은 보통 어느 지역인가요.
아직도 산지 태양광 설치가 있나요?

이제는 관련 규정상 산지 태양광을 하기 더 어렵게 됐어요. 농지도
쉽게 되는 것 같지 않고. 일부 폐염전이나 간척지에 100MW급이
설치되고 있습니다. 미국이나 독일에서는 지붕 위에 태양광을 설
치해 몇십만 MW 발전을 하는데, 우리나라는 주택 구조가 대부분
아파트라서 쉽지 않아요. 또 내 땅이나 건물을 가진 사람이 태양
광을 하지 않는 한, 임대해서 하기에는 리스크가 크기 때문에 거의
못 하고 있는 상황입니다. 최근 지자체와 산업단지가 지붕 태양광
을 확대하려고 노력중인데, 운영단계 리스크 관리에 조금 더 노력
하면 가능할 것 같아요.

풍력 발전이 육상에 들어오기 어려운 이유 중 하나가 소음인 것 같습니다.
어떤 제품은 소음이 매우 적어 집 바로 옆에 세울 수도 있다고 하는데,
기술이나 제품 간에 큰 차이가 있나요?

덴마크의 베스타스, 독일의 지멘스-가메사, 미국의 GE, 중국의
다수 기업, 그리고 우리나라는 두산과 유니슨 정도가 풍력터빈
을 만들고 있어요. 당연히 총괄적인 기술력 차이는 존재합니다.
외산은 훨씬 많이 GW 급 규모 이상으로 풍력을 설치했고, 많은
데이터가 축적되어 있기 때문에 신뢰도가 높아요. 국산 제품은
아직 1,000MW 이상을 한 회사가 없어요. 그런 부분에서 오는
아주 정교한 데이터와 운영 노하우가 존재하는 거죠. 국산 제품
은 국내 산업 육성을 위해 가격적인 이점을 주고 있어요.
소음의 문제는 시각을 달리해야 할 것 같은데, 풍력터빈 대다수
가 기어가 있는 타입이에요. 그 기어에서 소음이 발생하죠. 기어
가 없는 풍력터빈(독일의 에너콘 등)을 활용하면 소음을 일부 줄일
수 있지만 가격이 좀 더 비쌉니다.

재생 에너지를 만드는 것도 중요하지만 재생 에너지 관련된 산업을
육성하는 것도 우리 사회와 정부의 역할일 텐데, 쉽지만은 않은 문제네요.

대한민국은 제조업 중심 국가니까 포기하지 않는 겁니다. 그런
데 영국을 보면 독특한 현상이 있어요. 영국은 대놓고 자기 잘하
는 거 합니다. 투자 유치하고, R&D센터 오면서 해상 풍력을 가
장 많이 하게 됐어요. 제 생각에는 해외 주기기사와 협업하면서
제조업에 강점이 있는 우리나라에 합작사(JV)를 설립하거나 기술
센터를 유치하는 식으로 가면 좋을 것 같아요.

# 투자 시장의 변화,
## 기후·환경이 핵심

2015년 파리 협정 원문을 보면 기후 금융의 중요성을 강조하고 있다. 협정은 '기후 위기에 대한 지구적 대응능력 강화'를 목적으로 명시하고 있는데, 목적 달성 중간 목표로 내세운 것 중 하나가 기후 금융 활성화이다. 이런 상황에서 해외 기관 투자자들이 먼저 움직이고 국내에서도 1,000조 원 규모의 국민연금이 투자 기준이 되는 ESG 규정을 만들었다. 정부에서도 관련 택소노미(Taxonomy)를 제시했다. 기후 관련 연구소(원)와 언론은 지속적인 압박을 가했다.

이러한 외부 변화에 삼성화재도 내부 기준을 마련하게 되었다. ESG 투자 원칙도 마련하고, ESG 관련 자산 투자 목표도 설정했다. 물론 수익성 고려 없이 ESG만을 추구할 수는 없다. 고객의 소중한 자산을 잘 운용해야 하기 때문에 수익성은 중요한 요소 중의 하나이다. 향후에는 투자 자산에 대해서도 더 많은 조사 및 연구를 통해 ESG도 추구하면서 수익성도 같이 가져갈 수 있도록 하기 위해 계속 고민하고 있다.

노재용 부장에 따르면 그나마 다행인 것은 어려운 대외 여건 속에서도 산업계와 금융이 매우 적극적으로 움직인다는 것이다. 세계 10대 경제 대국을 일군 우리나라의 저력이라면 기후 시장에서도 큰 힘을 발휘할 것이다.

일하는 사람들의 기후변화

**탄소 포집이나 기후 공학기술도 금융 쪽 관심 분야인가요?**

탄소 포집은 조금씩 이야기가 나오는데, 탄소 배출이 많은 발전 공기업 입장에서는 심혈을 기울이고 있고 뭔가 진행하고 있는 듯합니다. 저희 입장에서는 태양광이나 풍력처럼 안정적인 사업 구조가 되는지 여부가 투자를 결정하는 데 있어 매우 중요합니다. 미국에서 유가스전에서 발생하는 탄소 포집 관련 투자기회가 소개되기도 하는데, 아직 그 기술에 대해 우리가 익숙하지 않아 조금은 더 학습이 필요한 분야인 것 같습니다.

**기후 금융 분야 전문가들은 대개 어떤 경로를 통해 일하게 되나요?**

특정 전공은 없습니다. 특정 산업(Industry)에서 오는 사람은 공대생이 많고, 처음부터 금융 쪽 사람들은 경영학 및 경제학 쪽이 좀 더 많은 것 같습니다. 자격증으로는 회계사나 공인재무분석사(CFA: Chartered Financial Analyst) 정도를 하면 좋겠습니다.

**이 분야에서 일하려면 어떤 준비를 해야 하는지 조언 부탁드립니다.**

기관 투자자의 운용역으로서 진입 난이도가 존재하고 전문성이 필요한 것 같아요. 관련 투자를 계속 학습하는 것이 필요합니다. 제 경우도 도로, 철도 투자를 하다 LNG 발전 투자하고, 재생 에너지인 태양광, 풍력, 연료 전지 공부하고, 선박, 항공기, 인수 금융 대상 기업과 산업을 공부해 왔어요. 대체 투자 분야에서는 공부가 끝이 없습니다. 수소 생태계, 디지털 등 지속적으로 계속 확장되는 분야를 공부해야 합니다. 각종 세미나에 참석해야 하고…. 지적 호기심이 많지 않으면 이 일은 할 수 없는 것 같아요.

네트워크도 있어야 원활하게 정보를 파악할 수 있으니까, 업계 관련자들도 나름 많이 만나야 되겠죠.

크게 봤을 때는 세 가지 길이 있다고 봅니다. 일단 은행이나 증권사, 운용사에서 투자 업무나 자산운용 업무 중 대체 투자 관련 업무를 수행하다가 경력직으로 들어가는 겁니다. 이런 사람 중에 회계사들도 많아요. 다음은 특정 산업, 건설사나 에너지 회사 등에서 자신의 전문성을 쌓은 다음에 MBA 등을 공부하고 경력직으로 들어오는 겁니다. 신입사원으로 시작하는 방법도 있지만 쉽진 않아요. 자산운용본부에 신입사원으로 입사 한 다음에 다양한 투자 지원 부서에서 경험을 쌓고 적정 시기에 투자부서에서 업무를 하는 겁니다.

기후 위기 극복을 위해 사회와 구성원이 해야 할 일은 무엇이라고 생각하세요?

이제 기후 위기는 미래 세대만이 아니라 현세대 문제이기도 합니다. 자식과 후세대를 위해 뭘 잘할 수 있는가를 스스로 찾아내는 것이 필요하다고 생각합니다. 또 어딘가에 소속돼 있다면, 그곳에서 전문가가 되기 위한 노력을 해야 하는 것이 이 시대를 살아가는 사람들의 자세가 아닌가 싶습니다.

저는 장기 투자를 진행하는 기관 투자자로서 우리의 투자를 통해서 기후변화 완화의 큰 방향성을 긍정적으로 이끌어낸다면 매우 보람이 있을 겁니다. 저희는 금융사로서 제조사처럼 다량의 탄소 배출을 하지 않지만, 기후변화 완화에 동참하고자 2010년에 UNEP FI 가입 이후, 2021년에 TCFD(기후변화 관련 재무정보 공매 태스크포스), 2023년에는 NZIA(Net-Zero Insurance Alliance) 가입하는 등 2050년까지 탄소 중립 달성을 위해 노력할 것입니다.

삼성화재 인프라투자1팀 부장
## 노 재 용

2001년 증권사 입사 후 IB(투자금융) 업무를 수행하며 자본시장 기본기를 익혀왔다. 2006년에 인프라펀드의 국내 최초 상장 건인 맥쿼리인프라(MKIF) 관련 업무를 시작으로 현재까지 16년 이상 오로지 대체 투자 업무에 매진해오고 있다. 그 사이에 자산운용사에서 부동산 펀드, 해외 자원 개발 펀드 등 다수의 펀드를 운용하며 운용업에 대해 이해를 키웠다. 이후 그동안의 경험을 바탕으로 2013년 삼성화재에서 대체 투자 자산 운용 업무를 수행해오고 있다.

삼성화재에서 도로·철도 등 SOC 자산, LNG 발전 등 전통 발전 자산, 태양광·풍력 등 재생 에너지 자산, 인수 금융, 선박·항공기 금융 등 다양한 대체 투자 자산에 투자하고 운용해오고 있다. 최근에 전통적인 대체 투자 자산의 시장이 축소되고 있는 반면, 재생 에너지 시장은 더욱 확대되고 있고 수소 등 신규 분야가 떠오르고 있기에 관련 투·융자 시장에서 삼성화재의 리더십을 유지하고자 시장과 지속적으로 교류하며 노력하고 있다.

보험 고객 자산의 적정 수익률 달성을 위해 자산 운용을 하면서 기후 변화 등 전 지구적 문제에도 기여할 수 있는 현재의 업무가 천직이라 생각하며 오늘도 재생 에너지 프로젝트 등을 검토하고 있다.

# 지구 온난화로 위기에 빠진 철새, 탐조 산업으로 생명을 구하다

탐조전문가 & 에코버드투어 대표
**이 병 우**

**By.** 송 찬 영

*"Harmony with nature."*
새가 없는 세상이 된다면 과연 우리 인간은 존재할 수 있을까?

    한반도의 기온 증가율은 세계 평균보다 1.9~2.6배 높다. 갈수록 봄 시작일이 빨라지고 여름은 길어지며, 겨울은 짧아지는 경향을 보이고 있다. 기상청(2022년 기준)은 현재와 같은 기온상승 추세라면 21세기 말에는 한반도 남부지방의 경우 겨울이 없을 것이라는 비관적 전망을 내놓기도 했다.

    사계절 없는 한반도를 상상하기 어렵지만, 이미 기후변화는 우리 생태계에 커다란 영향을 끼치고 있다. 적응하지 못한 생명들은 벌써 도태되고 있다. 국내 자생 특산나무인 구상나무는 최근 한라산과 지리산에서 집단 고사한 것으로 확인됐다. 바다에서는 명태와 도루묵 같은 한류성 어종이 줄어드는 반면, 고등어, 오징어, 멸치 같은 난류성 어종이 증가하고 있다.

    한반도를 오가는 철새들에게도 변화가 감지된다. 여름 철새들이 겨울철에 관찰되는 사례가 부쩍 늘어난 것이다.

    이병우 에코버드투어 대표는 야생 동물 보호 시민운동가이자 프로 조류 탐사 전문가이다. 그는 지난 10여 년간 수많은 탐조객을 이끌고 국내외 철새 여행지를 다녔다. 그 과정에서 철새가 기후변화의 영향을 받는다는 연구 결과들을 실제 현장에서 목격하고 있다. 특히 지구 온난화로 한반도를 찾는 철새들의 생체 리듬과 기류가 바뀌면서 철새 이동에 변화가 일어나고 있는 것을 확인하고 있다.

# 기후변화가
# 철새에게 미치는 영향

웬만한 탐조인이라면 알고 있는 코넬대 조류학 실험실에서 운영하는 웹사이트 'eBird'에 따르면 2022년 11월 기준 전 세계 탐조인들이 확인한 새 종류는 1만 906종이다. 국립생물자원관에 따르면 우리나라에 기록된 새는 모두 548종으로 이 가운데 고유종은 천연기념물로 지정된 크낙새 한 종에 불과하다.

이병우 대표는 지금까지 본인이 직접 관찰한 새의 종류가 342종이며, 그중 15% 정도가 텃새이고 나머지는 철새라고 말한다. 그런데 기후변화로 한반도 철새 이동에 커다란 변화가 생기고 있다며 그 예로 콩새 이야기를 꺼냈다.

콩새는 겨울철에 흔히 볼 수 있는 새인데, 최근 2년 동안 전혀 보지 못했다고. 콩새와 비슷한 새들 역시 상황은 마찬가지. 콩새와 비슷한 새들이 우리나라에 10여 종 있는데, 남하하는 개체 수가 상당히 줄었다고 전했다. 이러한 현상이 발생한 이유는 무엇일까? 기후변화로 겨울이 따뜻해지고 있기 때문에 굳이 우리나라까지 오지 않아도 생존이 가능해 겨울철에 보기 어렵게 된 것이다.

콩새 외에 기후변화로 한반도의 철새 이동 양상이 달라진 또 다른 사례를 꼽으며 백로와 왜가리를 들었다. 번식을 위해 여름철에 오는 백로, 왜가리 같은 새들은 겨울이 되면 따뜻한 남쪽으로 이동한다.

일하는 사람들의 기후변화

그런데 우리나라의 겨울철 온도가 따뜻해지면서 이동하지 않고 그대로 남는 경우가 많아 최근에는 겨울에도 관찰할 수 있게 되었다. 우리나라에서 발견되는 미기록 종이 증가하는 것도 기후변화와 철새의 이동 변화의 관계를 보여주는 것이라고 설명할 수 있다.

환경부 발표에 따르면 지난 겨울(2022년 11월),
철새 수가 작년에 비해 17% 늘었다고 합니다. 왜일까요?

특정 시기에 국한한 통계입니다. 예년과 비교하면 전체적으로는 줄고 있습니다. 지난해 우리나라를 찾은 철새가 줄었는데 그에 비해 올해 철새 수가 증가해 늘어난 것처럼 보일 수도 있고, 올해 일본에서 조류 독감이 유행해 이를 피해 철새들이 우리나라로 오는 바람에 일시적으로 늘었다는 시각도 있습니다. 제가 알기로는 이들 철새들은 다시 일본 지역으로 간 것으로 알고 있어요.

기후변화로 철새가 텃새가 된다든지
아니면 텃새가 철새가 된다든지 하는 사례도 있을까요?

환경부는 우리 생활 속 기후변화 지표종으로 100종, 지표 후보종으로 30종을 선정·관리하고 있습니다. 이 가운데 조류 지표종은 검은이마직박구리 등 18종, 후보 종은 개개비사촌과 종다리 2종입니다. 텃새가 철새가 되는 경우는 제가 보기에 아직 없는 것 같고, 우리가 텃새라고 알고 있는 새가 다른 곳에서는 철새일 수는 있습니다.

최근 남방계 새들이 우리나라에 나타나는 경향이 있어요. 기후변화 지표종인 검은이마직박구리는 20년 전만 해도 대만과 중국 동남부에만 있던 새인데 이제는 우리나라 남부지방에 꽤 많이 분포해 있고 중부지방에서까지 발견되고 있지요. 우리나라 남부지방의 겨울 기온이 영하로 거의 떨어지지 않기 때문에 이런 새들이 살 수 있는 환경이 된 것이라고 봅니다. 기후변화가 계속돼 한반도 기온 상승이 지속된다면 현재 남방 한계선에서 볼 수 있는 두루미 같은 북방계 새들은 앞으로 볼 수 없을지도 모릅니다.

이런 상황이라면 조류 관련 생태계 먹이 사슬에도 변화가 있을 것 같네요.

새의 먹이가 되는 곤충의 숫자가 엄청나게 줄었다고 할 수 있습니다. 곤충이 많아야 새가 많거든요. '꿀벌이 사라진다'는 얘기 들어보셨나요? 꿀벌은 인간에게 워낙 이로운 곤충이기 때문에 사람들이 많이 관심을 갖고 사라지는 것에 대해 경각심을 갖지만, 다른 곤충이 사라지는 것에는 관심이 없어요. 탐조 하면서 곤충이 너무 없어 새들이 굶을까 봐 걱정되는 경우가 많습니다.

조류 감소에 기후변화 영향 외에 다른 요인은 없을까요?

우리나라는 3면이 바다로 둘러싸여 있고, 해안선이 오밀조밀해 갯벌이 흔합니다. 서해안이 세계적인 철새 도래지로 손꼽히는 것도 이 때문인데, 새 서식지가 계속 훼손되고 있어요.
새만금의 경우 시화호보다 10배 이상 큰 곳인데, 예전에는 사람들이 조개를 캐고 물고기를 잡고, 새도 날아와 먹이를 먹는 지역이었어요. 그런데 식량 안보를 내세워 간척을 하겠다고 바닷물을 막아 방조제를 만들었어요. 그래서 만든 새만금 방조제, 그게 세계에서 가장 긴 방조제라고 하면 사람들이 잘 안 믿더라고요.

그나마 남아있는 새만금 수라갯벌은 아직도 저어새 등 멸종위기 종이 찾아오는데 말이죠.

그곳에 또 국제공항을 만든다고 합니다. 그렇게 바닷물을 막아 생명들을 죽이는 게 맞을까요. 알면서도 계속 하는 것을 보면 인간의 끝없는 탐욕이라고 밖에 볼 수 없어요. 자연에는 아무런 이득이 없고, 특정 일부의 사람만 득을 보는데 말이죠.

새만금 지역에는 풍력이나 태양광 등 재생 에너지 시설이 들어서고 있어요.
기후변화 완화를 위해서는 재생 에너지를 늘려야 하는데요.
풍력 시설에 새가 부딪힌다든지, 태양광 판넬에 새똥이 가득하다든지
하는 일들이 생기고 있습니다. 기술적으로 해결하는 노력도 필요하겠지만
이러한 재생 에너지와 새, 이른바 '녹-녹' 갈등 문제는 어떻게 풀어야 할까요?

기후 위기를 막으려면 화석 에너지를 재생 에너지로 전환해야 한다는 데 동의합니다. 하지만 두 가지 측면에서 봤으면 좋겠어요. 설치할 곳의 자연을 굳이 훼손해 가면서 그곳에 해야 하는가에 대한 의문. 예를 들어 굳이 나무를 베고 산을 깎아서 태양광이나 풍력 발전을 하는 게 의미가 있을까 하는 것이죠. 나무가 태양에서 오는 에너지를 받아주는 역할을 하고 있는데, 그 나무를 베고 거기에 태양광을 설치하는 것은 아닌 것 같아요. 탐조를 위해 전국을 다니다 보면, 심하게 훼손된 환경을 많이 봅니다.

또 하나는 우리가 에너지 소비를 줄이는 노력을 하고 있는가 돌아봐야 할 것 같아요. 우리가 계속 에너지를 얻고자 무한정 확장을 하는 것은 에너지 사용을 줄일 의사가 없다는 뜻이라고 저는 생각합니다. 무엇보다 에너지 사용을 줄이는 것이 가장 필요하지 않을까 싶습니다.

# 탐조는 생명에 대한
## 감수성을 높이는 활동

이병우 에코버드투어 대표는 야생 동물 보호 시민운동가이자, 프로 조류 탐사 전문가이다.

탐조는 산책처럼 가볍게 즐기는 자연 관찰 활동의 하나이지만, 과학적인 방식을 따르는 관찰 활동이자 기록이라고 볼 수 있다. 새에 집중하기 때문에 탐조라 부르는데, 새를 포함한 자연 생태계 전체를 보는 활동이다.

탐조가 대중화된 것은 쌍안경이 나온 이후부터라고 이병우 대표는 설명한다. 세계대전이 끝나고, 전쟁에 쓰던 쌍안경이 대중에게 보급되면서 본격적으로 탐조가 시작 됐다는 것.

우리나라의 대중 탐조 출발점은 『한국의 새』라는 그림 도감이 발행된 2000년으로 본다. 그전까지 조류학을 공부하는 사람은 대개 일본 도감을 썼다. 우리나라 새와 일본 새가 겹치는 부분이 많기 때문이다. 故구본무 LG그룹 회장이 일본 도감을 기반으로 한국 상황을 덧붙여서 『한국의 새』를 편찬한 후, 우리나라 대중 탐조가 시작됐다.

탐조도 하나의 산업이라고 볼 수 있다. 우리나라는 공공기관의 후원금을 받아 운영하는 곳이 적지 않지만, 미국이나 영국, 일본, 대만 등의 경우를 보면 하나의 커다란 산업이다. 이러한 상황을 봤을 때 우리나라 탐조 산업은 성장 가능성이 높은 미래 산업이라고 할 수 있다.

세계 탐조 인구는 최대 5억 명 정도로 추정된다. 미국이 가장 많아 전 국민의 20% 정도라고 추산된다. 10년 전 통계를 보면 미국의 탐조 산업 규모는 약 50조 원 정도 됐는데, 지금은 장비들을 포함해 최소 100조가 넘을 거라고 보고 있다.

우리나라는 5년 전만 해도 탐조 인구가 1,000명 정도였는데, 지금은 3,000~4,000명 정도 된다. 우리나라 경제 규모가 미국의 1/20 정도임을 토대로 단순히 산술적으로 탐조 시장 규모를 예상하면 5조 정도다. 가까운 일본의 경우, 대중적인 프로그램을 지속적으로 내놓는 야생조류협회(야조회)가 1960년대에 생겼고, 상근 직원만 100명이 넘는다. 우리나라는 '한국탐조연합'이라는 단체를 만들었는데, 아직 시작 단계라고 할 수 있다.

탐조가 기후변화에 대한 사람들의 공감 능력이나 감수성을 높이는 데 도움이 될까요?

탐조하는 사람들 대부분 일회용품을 줄이고, 대중교통을 이용하는 등 보통 사람들보다 기후 인지 감수성이 높습니다. 스스로 탄소를 배출한다는 것에 불편한 마음을 갖고 있지요.

일반적으로 탄소 배출 감축은 너무 과학적이고 어렵다 생각하는 경향이 있습니다. 하지만 새를 비롯한 살아있는 생명에 대한 관심은 사람들의 감수성을 이끌어 내기에 탄소 배출, 기후변화 등에 민감해질 수 있다고 생각합니다. 생명 그 자체가 교육이 되는 것이지요. 새는 노력하면 금방 100종 이상 볼 수 있어요. 그런 면에서 탐조가 기후변화를 비롯한 자연 환경에 대한 사람들의 관심을 높이는 훌륭한 계기가 될 수 있다고 봅니다.

**기후변화가 탐조 산업에도 영향을 미칠 것 같습니다.**

식물의 생존이 가능한 남쪽 한계선이 북쪽으로 계속 이동하게 되면, 우리나라에서 두루미 같은 철새는 볼 수 없게 되겠죠.

**탐조 할 때, 무언가 특별한 감정을 느끼는 순간이 있을 것 같습니다.**

우리는 안전한 터전에서 살고 있지만, 야생에 사는 새들이나 동물들은 한눈을 팔면 생존을 위협받게 됩니다. 그렇기 때문에 끝없이 경계하고 생존을 위해 매우 처절하게 노력합니다. 그런 것을 가까이에서 보면서 열심히 살아야겠다는 생각을 합니다.

**많은 분들과 함께 탐조 활동을 했을텐데 특별히 기억나는 사람이 있나요?**

4년 전 늦가을에 영국에서 온 두 분과 일주일 정도 함께 전국을 탐조한 적이 있어요. 아주 온화한 성품을 가진 분들로, 서두르지 않고 천천히 새를 기다리며 탐조하는 모습에서 많은 것을 배웠어요. 탐조 중 넓적부리도요를 보는 순간, 한 분이 눈물을 훔치며 감격스러워 했는데 그 모습을 보면서 저 역시 큰 감동을 받았습니다.

**변화하는 생태계 상황을 목격하면서 기후 위기 대안을 자주 생각하셨을 것 같아요.**

기후 문제를 내 문제로 인식하는 것이 우선적으로 필요하다고 봅니다. 나아가 사회 시스템, 산업에서 저탄소에 대한 인식 변화와 행동이 있어야 합니다. 이 모두를 위해 정말 국가적인 실천 노력이 필요하다고 생각합니다.

## 기후변화 속 위기의 철새를 살리는 것은 지구를 지키는 길

언젠가부터 도시에서 참새를 보기 쉽지 않게 되었다. '봄에 왔다 가을에 강남 간다'는 제비는 뉴스에서나 가끔 볼 수 있다. 환경부에 따르면 80년대 우표에 등장하는 청호반새는 최근 20년 동안 관찰빈도가 95% 감소했다. 뿔제비갈매기는 전 세계적으로 100마리도 남지 않았다.

지구 온난화로 북극 얼음과 툰드라 눈이 녹고, 온대지역이 아열대로 기후가 변하고 있는 가운데 새들의 서식지는 계속해서 북쪽으로 옮겨가고 있는 듯하다. 남방계 한계선이 북쪽으로 더 올라간다면 겨울에 볼 수 있던 두루미를 더 이상 볼 수 없게 될 것이다. 더 큰 문제는 기후변화의 속도가 너무 빨라서 북쪽으로 이동하더라도 아예 살기 어려운 환경이 될 가능성이 높다는 것이다.

새가 없다는 것은 무엇을 의미할까. 단지 아름다운 새소리를 듣지 못하거나 두루미의 멋진 날갯짓을 보지 못하는 아쉬움에 그치는 것일까? 그 끝은 대멸종일 가능성이 높다. 탄광 속 공기가 오염되면 카나리아가 운다고 한다. 새들은 아름다운 노랫소리로 기후변화의 위기를 경고한다.

야생 동물 보호 시민운동가이자 프로 조류 탐사 전문가인 이병우 대표는 국내 최초로 전문 철새 여행사를 설립한 사업가이기도 하다. 현장에서 몸소 기후변화를 체험하고 있는 이 대표는 기후변화라는 글로벌 환경 문제가 국내에서 벌어지는 지역 환경 문제처럼 우리를 위기에 빠뜨리고 있지만, 역설적으로 이를 타개하기 위한 노력의 과정에서 새로운 경제적 영역을 창출할 것으로 내다보았다. 석탄 발전이 축소되고 재생 에너지 보급이 확대되면서 그에 따른 새로운 기술과 제품 인력이 필요한 것처럼 생태 관련 산업에도 새 시장이 열릴 것이라는 의미다.

**언제부터 탐조를 하셨나요?**

탐조 관련 사업자 등록을 한 것은 2015년 입니다. 외국계 회사에서 첫 사회 생활을 시작했는데 3년 지나니까 회사 다니는 재미가 없는 거예요. 지루해질 만한 시기였죠. 이렇게 생활하는 게 맞는 건가. 내가 하고 싶은 뭘를 하면 좋을까 하는 생각을 했어요. 이때 떠올랐던 것이 야생 동물이었고, 막연하게 야생 동물을 보호하고 싶다는 생각에 환경운동연합에 자원봉사 신청을 했습니다.

**관심 분야가 야생 동물이었나요? 아니면 환경 운동이었나요?**

그때가 2000년이에요. 시작은 야생 동물이었는데, 야생 동물을 전문적으로 다루는 단체가 우리나라에 없었고, 있다 하더라도 그건 전문 영역이어서 자원봉사가 불가능했어요. 그래서 가장 접근성 좋은 환경단체에 가서 "야생 동물 보호 활동을 하고 싶다."라고 했더니 담당자를 배정해 주었어요. 그곳이 환경운동연합이에요. 열심히 따라 다니며 노력했고, 그러면서 야생 동물 외에 여러 가지를 배우게 됐습니다. 다른 여러 사회적 문제 등 학교에서 배우지 않은 것들을 배웠어요. 그곳에서 알려지지 않았지만, 실제 사회 곳곳에서는 매우 많은 일들이 벌어지고 있다는 것을 알게 됐습니다.

조류 관련 학문을 전공하셨나요?

탐조인 중에 생물학이나 조류학을 공부한 사람은 별로 없어요. 오히려 문과가 좀 더 많은 것 같아요. 예체능도 있지요. 저는 문과 출신입니다. 어릴 때 유달리 자연을 좋아했느냐 하면 그런 편이기는 한 것 같은데 '유달리'는 아니었어요. 어렸을 때 관찰을 좀 했지만, 반드시 이쪽으로 가야 되겠다 정도는 아니었어요. 제 눈이 색약이어서 이과 진학이 어려워 문과에서 평소 좋아했던 어학을 전공했습니다. 탐조할 때 색약인 점이 애로사항이긴 합니다. 미묘한 색깔 구분을 잘 못하니까요.

퇴사 후 탐조 전문 회사를 창업 하셨는데, 경제적으로 쉽지 않았을 것 같아요.

처음부터 확신이 있었던 것도 아니고, 당시 국내에 탐조 창업 선례도 없었어요. 조류에 대한 지식도 지금의 1/10, 1/100조차도 안 됐죠. 그 정도 지식만 갖고 무턱대고 시작했어요. 두려움이 컸지만, 내가 좋아하는 일이고 새로운 길을 개척한 것에 대해 자부심을 느끼고 무척 바쁘게 행복하게 살았고, 살고 있습니다.

좋아하는 일로 과감히 전업하셨는데,
직업 선택을 준비하는 청년들에게 어떤 조언을 줄 수 있을까요?

제 지난날은 내가 원하는 삶과 사회가 원하는 삶 사이에서 많은 고민이 있던 시간이었어요. 사회가 원하는 삶은 입신양명을 추구하고, 그 틀에서 성공해야 주목받습니다. 저는 그 틀을 깨고 싶었어요. 생각을 실천하는 것은 알을 깨고 나오는 것처럼 굉장히 힘든 일인 것 같아요.

본인의 모습이나 성격 등을 새로 표현한다면 어떤 새로 비유하고 싶은가요?

딱따구리요. 딱따구리는 나무에 다른 새들이 살 수 있는 구멍을 많이 만들잖아요. 저도 우리 사회에서 여러 사람들에게 도움이 될 수 있는 그런 딱따구리 같은 사람이 되고 싶습니다.

일하는 사람들의 기후변화

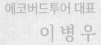
에코버드투어 대표
# 이 병 우

대학을 졸업하고 외국계 정보·통신 회사에서 일하다 환경운동연합의 자원봉사 활동을 하면서 자연 생태에 관심을 갖게 되었다. 2004년, 단체에서 서울 탐조 안내서를 만드는 활동을 하면서 본격적으로 탐조에 입문했고, 탐조 생태 관광에 뜻을 두고 퇴사 후 2015년 에코버드투어를 창업했다. 그동안 300회 이상의 탐조 여행과 프로그램을 기획했다. 현재 한국탐조연합 이사로 활동하며 탐조 문화 확산과 생태 관광 활성화에 헌신하고 있다.

# 기후와 자원 문제 해결 위해 탄소 중립과 순환 경제에 함께하다

삼성전자 지속가능경영추진센터 상무
**정 인 희**

By. 김 정 환

> *"21세기 기업의 지속 가능성과*
> *기업 시민(Corporate Citizens)으로서의*
> *역할을 재정립하라."*

    삼성전자는 반도체, 모바일, 가전 등 전자 산업의 모든 영역에서 제품을 생산하기 위해 전 세계에서 가장 많은 전력(25.8TWh, 2021년)을 사용하는 글로벌 제조 기업이다.

    지난 2022년 9월, 삼성전자는 혁신기술을 통해 기후 위기 극복에 동참하고 2050년 탄소 중립을 달성하기 위한 구체적 전략을 담은 '신환경경영전략'을 발표하고, 경영 패러다임 역시 '친환경경영'으로 전환한다고 선언했다. 이런 전략 전환은 RE100(재생 에너지 100% 사용) 달성, 글로벌 공급망 가치사슬 전반에 대한 자원 순환성을 높여야 하는 어려운 과제이지만, 기업의 지속 가능한 성장을 통한 글로벌 사업 경쟁력 강화를 위해 필수적인 전환 과제이다.

    이러한 글로벌 기업의 도전을 위해, 국제기구와 민간기업에서 쌓은 노하우와 파트너십 경험을 바탕으로 기업은 사업 전략, 운영과 문화에 탈 탄소화 및 자원 순환성을 적극적으로 포함시켜야 한다. 정인희 상무는 이러한 과정이 글로벌 기후 및 자원 문제 해결에 중요한 역할을 할 수 있을 것이라 믿고 있다. 정인희 상무에게 21세기 기후 위기 시대의 기업 시민의 역할에 대해 들어본다.

# 새로운 글로벌 경쟁력의
# 원천을 찾아서

많은 기업들이 지속 가능성(Sustainability)과 ESG 경영(비재무적 요소인 환경, 사회, 지배구조)을 추진하고 있다. 삼성전자도 마찬가지. 정인희 상무는 현재 지속가능경영센터에서 일하고 있다.

그녀는 자신의 업무에 대해 "ESG는 기업이 기존의 재무적 가치를 넘어 비재무적 가치인 환경(Environment), 사회(Social), 그리고 지배구조(Governance)를 좀 더 고려해야 한다는 접근법이라면, 저희는 지속 가능 경영(Corporate Sustainability) 차원에서 지속 가능성을 기업 경영의 핵심 성장전략으로 하는 접근법입니다. 저는 삼성전자의 지속가능경영추진센터라는 조직에서 전사 차원의 지속 가능 경영에 필요한 전략과 추진체계, 과제를 만들고 유관 부서들과의 협업 및 글로벌 이해관계자들과의 파트너십을 통해 실행하고 지원하는 역할을 하고 있습니다."라고 밝혔다.

ESG는 환경, 사회, 지배구조적 요소가 서로 균형 잡혀 추진되어야 한다. 사회적 요소는 노사관계나 준법 등이고, 지배구조는 이사회 구성 등이다. 최근 기후변화, 자원의 글로벌 공급망 문제 등으로 환경적 요소의 중요성이 더 커진 것이 사실이다.

일단 기업은 비즈니스가 돼야 하기 때문에, 재무적인 지속 가능성, 즉 수익이 기본이 되는 건 당연하다. 그래서 지속 가능 경영이라

일하는 사람들의 기후변화

는 것은 기업이 속한 사회와 환경에 좋은 영향을 미치는 일을 하면서 그것이 기업의 비즈니스 모델에 내재화되는 것이 핵심이다. 과거에는 지속 가능 경영 활동이 기업의 사회적 책임(CSR: Corporate Social Responsibility) 차원이나 홍보 활동으로 부가적인 역할로서 비용을 써야 하는 일로 여겨진 것도 사실이다. 하지만 진정한 지속 가능 경영으로 의미를 더하기 위해서는 하나의 비즈니스모델의 핵심이 돼야 한다.

특히, 탄소에 가격이 붙기 시작하면서부터 지속 가능 경영이 좀 더 현실화되는 듯하다. 기업이 비즈니스 하는 데 있어 사회적 수용성이 하나의 비즈니스 리스크 문제로 대두되었고, 지속 가능 경영을 함으로써 기업이 생산하는 제품 서비스에 지속 가능성이 담기게 되면 그것이 하나의 경쟁 우위 요소가 된다. 그래서 매출증가에 영향을 주고, 결국 환경 사회적 요소가 궁극적으로 기업의 재무적 결과에도 영향을 주게 되는 것이다. 이것이 지속 가능 경영의 핵심이다. 아울러 과거에는 기업의 독립성이 중요시되었다면 이제는 산업 부문을 넘어서는 협업과 파트너십을 통해서 규모에 맞는 영향력(Impact at Scale)을 추구하는 것 또한 지속 가능 경영의 중요한 부분이다.

세계경제포럼(World Economic Forum)에서도 기존 주주 중심 자본주의(Shareholder Capitalism)에서 이해관계자 중심 자본주의(Stakeholder Capitalism)로 개념이 확대면서 기업이 주주만을 위한 재무적 성과 위주 경영에서 기업이 속한 사회의 다양한 이해관계자를 위한 경영으로 변함으로써 사회의 책임 있는 주체(Actor)로서 재정립되어야 한다는 필요성이 강조되었다.

지속 가능 경영 전략이 기업 비즈니스에 내재화하기 위해서는
기업이 오랫동안 쌓아 왔던 관행이라던지 내부시스템을 바꿔야 하는
문제가 있어 이런 변화에 분명 반발이 있을 듯 합니다.

사실 이런 변화에 대한 어려움 때문에, 기업이 지속 가능 경영을
실질적으로 내재화하는 측면에서 많이 늦어진 것 같아요. 하지
만 이제는 지속 가능 경영 실천이 곧 기업의 경쟁력이라는 것을
받아들이고 있는 것을 볼 수 있어요. 예를 들면, 규제적 측면에
서 EU가 이전의 에코디자인 규정을 지속 가능 제품 이니셔티브
로 개정하는 과정에 있는데 이제는 과거의 관행과 같이 제품을
만들게 되면 더 이상 유럽 시장에 팔 수 있는 여지가 없어지는 거
예요. 다시 말하면 EU에 수입되는 제품이 탄소 발자국을 표시해
야 하고, 이 제품에 들어가는 여러 가지 소재가 환경, 인권 차원
에서 문제가 없는지, 어디서 조달했는지 추적 가능한 자료를 요
구할 예정이기 때문에, 이런 요구에 맞추어 전략을 수립하고 제
품 생산 시스템을 구축하는 것이 필요하다고 생각해요.

선진국들의 새로운 환경 규제가 늘어나고 있어 수출 기업 입장에서는
기업 경영의 사활이 걸린 중요한 변화의 시기인 것 같습니다.

우리나라의 경우 수출 위주의 경제구조를 가지고 있기 때문에
더더욱 그렇다고 봐야 해요. EU가 유럽 경제의 녹색 전환을 위
한 그린딜정책을 발표하고 탄소 중립, 순환 경제 전략들이 빠르
게 구체화되고 있어요. 그래서 제품에 들어가는 소재로 저탄소
내지 무탄소 소재를 제품에 담아야 하는 게 경쟁력 요소가 되었
고, 이를 위해 제품 소재 공급망의 재구성이 필요한 시점이 됐어
요. 그래서 최근에는 외부에서 구매하는 소재나 원료가 생산되

일하는 사람들의 기후변화

는 단계에서부터 관리가 들어가게 된 거죠. 예를 들어, 폐기물 업체와 협업하거나 투자, 또는 인수를 통해 폐플라스틱을 통한 재생 플라스틱 공급량을 확보하거나 폐배터리에서 나오는 니켈 및 코발트의 재활용을 선점해 공급망을 확보하고 재생 소재 공급망을 관리하는 단계로 가고 있어요. 또 향후에는 재생 소재의 함량까지도 규제될 수 있어서 자동차의 경우 차량에 들어가는 플라스틱의 일정 함량을 재활용 플라스틱으로 사용해야 한다거나, 소비재의 경우 일회용 포장 사용 제한으로 대체 패키징을 사용해야 하는 등 기존 비즈니스 관행을 다시 생각하고 학습해야 하는 시점이 된 거죠.

외국의 환경 규제가 급격히 변하는 환경 속에서 한국의 수출 지향적 경제가 경쟁력을 유지하려면 우리나라 정부의 역할이 중요할 것 같습니다.

사실 이런 부분은 국가 차원에서 중장기적으로 보아야 하는 부분이고 기업이 충분히 역량을 발휘할 수 있는 환경을 조성해 주는 역할이 좀 더 필요하지 않을까 생각돼요. 특히, 우리나라의 가장 큰 도전 과제 중 하나가 전력 구조인데, 기업이 RE100(재생 에너지 100% 사용)을 선언해도 실제 구매 가능한 재생 에너지가 부족한 실정이지만, 애플 같은 기업은 부품 납품 기업에 RE100을 달성하도록 요구하고 있고, 유예기간 동안 한국 기업들은 준비해야 하는 도전적인 상황이죠. 한국 기업들이 국내에서 재생 에너지 사용을 늘리기 위해서는 재생 에너지 생산이나 구매 정책의 개선을 기대하고 있고요. 참고할 만한 사례는 대만의 반도체 회사 TSMC의 경우 대만 정부의 지원 하에 덴마크 풍력 발전 회사와 세계 최대 규모의 재생 에너지 직접 전력 구매 계약 (PPA: Power Purchase Agreement)을 했어요.

# 혁신기술과 전략으로
## 지속 가능 경영과 전문인재 중용을 내재화하다

기업활동 중 탄소 배출은 그 배출원에 따라 SCOPE1(제품 생산 과정 및 자체 연료 사용으로 발생), SCOPE2(사업장 사용 전력, 스팀 등 외부 에너지를 만드는 과정에서 발생), SCOPE3(제품 생산외 협력사, 물류, 제품 사용과 폐기 과정 등 기타 간접 발생)으로 나누어지는데, 사업장 직접 배출 감소 활동을 통해 SCOPE1, 재생에너지 사용 증가를 통해 SCOPE2에서 발생하는 탄소를 저감할 수 있다.

현재 전 세계 기업들은 SCOPE3 배출 및 관리에 관심을 갖고 있다. 보통 부품공급 협력사와 제품 설계 단계부터 협업을 통해 탄소 배출을 관리할 수 있고, 소비자에게 판매된 제품이 사용되고 폐기되는 단계에서 발생하는 탄소가 큰 부분을 차지하기 때문에 특히 제품 사용 단계 탈탄소화에 많은 관심을 기울이고 있다.

이 부분은 제품을 기획, 디자인할 때부터 내재 탄소를 줄이거나 없애고 저전력 제품으로 설계해서 전력 사용을 최적화하고 줄이는 관리가 필요하다. 또, 제품 자체의 내구성을 높이고 수리와 업그레이드가 가능하게끔 처음부터 설계하고 제조하는 방식으로 전환되고 있다.

다양한 환경 경영 활동을 통해 기업의 전체적인 공급망을 관리하고, 기업의 핵심전략으로 내재화하기 위해서는 기업 내부의 프로세스와 시스템을 이해하는 동시에 탄소 중립과 자원 순환과 같은 지속 가

일하는 사람들의 기후변화

능 경영에 대한 실무도 아는 인력이 필요하다.

기업 지속 가능 경영 전반을 담당하는 업무는 재료 소싱, 구매, 제조, 유통, 판매, 폐기, 리싸이클링 등 다양한 관점에서 서로 연결고리를 파악하고 필요한 과제를 도출하는 역량이 필요하다. 이러한 업무를 처음부터 잘하기는 힘들기 때문에 지속 가능 경영과 연관되어 공공 및 민간 부문에서 다양한 경험을 쌓은 인력을 채용하고 내부적으로 육성해야 한다. 아울러 각 부문에서 관련 업무가 많아지고 있는 게 사실이다.

예로 들면, 부품을 공급해 주는 협력업체의 지속 가능 경영을 같이 도와주는 인력부터, 발생하는 온실가스를 기술적으로 측정하고 공개하기 위해 보고서를 작성하는 인력, 에너지 효율을 관리하고, 각 부서에서 제품 소재를 연구하면서 탄소 저감기술을 적용하는 인력 등 다양하다.

재생 에너지 생산 사용을 통한 탄소 저감뿐 아니라,
제품 생산 과정에서의 탄소 배출과 기타 다른 에너지, 물 사용 저감과
재사용 현황은 어떤가요?

한국 경제 성장의 주역인 우리나라 산업은 제조 공정 효율 측면에서는 이미 상당히 높은 수준인 것으로 알고 있어요. 또 반도체 생산과정에서 나오는 온실가스도 포집하고 있고 물도 재활용하고 있어서 제품 제조과정에서는 자원 효율화가 어느 정도 이루어졌다고 봐요. 중소기업의 경우는 제품 생산 프로세스의 개선을 통한 탄소 저감이나 자원 재활용에 대한 개선의 여지는 있고

기업 간 상생 프로그램 등을 통해 탈 탄소 도전에 함께 하는 움직임도 보이고 있어요.

기업의 RE100 이니셔티브 가입이나 탄소 정보공개 활동 등이
자발적인 성격이지만, 모든 기업들의 의무 이행 사항처럼 바뀌고 있는데,
이런 현상은 왜 그런가요?

고객사와 이해관계자 요구 및 일반 소비자들의 환경의식 증가로 인한 구매패턴 변화 등이 가장 큰 요인인 것 같아요. 아울러 기업이 계속 성장해 나가기 위해서는 외부로부터 자본을 조달하고 투자를 받는 과정이 필요한데, 기업 신용 평가사들이 기업의 환경 경영을 평가해서 투자등급을 정한다든가, 기관투자사들이 투자 포트폴리오 관리상 투자받은 회사들에게 탄소 배출 기준을 맞추도록 압력을 넣은 방식으로 의무화되고 있는 상황이죠.

아울러 유럽에서는 그린 딜(Green Deal) 정책 기조에 따라 제품의 환경성 증진을 위하여 '지속 가능한 제품 이니셔티브(SPI: Sustainable Products Initiative)'를 공개했는데, 이는 유럽연합 내 지속 가능한 제품 표준을 수립하고, 유럽 순환 경제 비즈니스 모델을 촉진함과 동시에 소비자의 녹색 전환 이행을 가능하도록 하는 제도여서, 유럽으로 계속 수출하고자 하는 기업은 이러한 트렌드에 민감하게 대응할 수 밖에 없어요.

기업의 노력에도 불구하고 실제로는 친환경적이지 않지만 마치 친환경적인
것처럼 홍보하는 '위장 환경주의', 그린 워싱(Green Washing) 문제는 어떤가요?

그린 워싱은 점차적으로 위험 요인으로 작용하고 있어서 지양해야 하죠. 더군다나 요즘은 그린 워싱에 대한 법적인 제재가 도입

일하는 사람들의 기후변화

되고 있어서 단순히 홍보하려다 기업 리스크로 발전하는 경우도 있어요. 환경단체나 시민·사회단체도 전문적으로 이 부분을 감시하고 있는 것으로 알고 있어요. 그린 워싱할 시간과 리소스를 지속 가능 경영을 위한 내실을 다지는 것에 투입하는 것이 더 현명하다고 볼 수 있어요.

근무문화를 예로 들어 자율적인 근무환경을 만드는 스마트워크, 팬데믹이나 기후변화 때문에 비즈니스의 연속성에 문제가 생기는 것을 사전에 대비한 스마트워크 플레이스를 마련하는 등 비상계획을 갖추는 면은 어떤가요?

코로나 이후 재택근무 등 유연한 근무환경이 이제는 하나의 조직문화로 자리 잡은 것 같아요. 아울러 기업문화적 면에서 유연하게 여러 비상상황에 대비할 수 있어야 하겠고, 기후변화로 인해 예상되는 홍수나 가뭄 등의 기후 재난으로 제품 생산공장이 피해를 입어 기업의 비즈니스 연속성에 영향을 받지 않도록 사전에 대비하는 계획도 필수적으로 갖춰야 한다고 생각해요.

기업의 전체 거버넌스, 지배구조 차원에서 이러한 환경 경영을 뒷받침하는 체계는 갖추어져 있나요?

지속 가능 경영을 뒷받침하는 체계구축은 지속 가능성의 기업 내재화에 있어서 필수조건이라고 봐요. 대체로 이사회 산하에 지속 가능 경영위원회가 있고, 전원이 사외이사로 구성되어 있어 전사적인 지속 가능 경영의 객관적인 추진을 뒷받침하고 있는 형태라고 생각돼요. 아울러 내부적으로도 지속 가능 경영 전략과 이행을 챙기는 최고경영진으로 구성된 협의회와 각 부서에서 지속 가능 경영을 챙기는 팀도 필요하고요.

# 진정한 지속 가능 경영을 위한
# 다양성과 개방성 구축

삼성전자 정인희 상무는 학부에서 환경공학을 전공했다. 오염관리
(end-of-pipe) 솔루션을 공부하면서 환경 문제의 근원적인 원인에 대
해 좀 더 고민하게 됐고, 영국에서 환경 경제학과 정책을 공부한 후
환경 컨설팅 업체 ERM에서 일을 시작했다. 당시 그녀는 환경 문제 생
산-소비 및 생산의 주체인 기업 간의 상호작용에 깊은 관심을 갖고 있
었다고 한다. 그 후, 한국 외교부의 국제기구 초급전문가(JPO: Junior
Professional Officer)에 선발돼서 UN CBD(생물다양성협약) 사무국에 파
견됐다가 UNEP(유엔환경계획)의 기술산업경제부서에서 청정생산, 지속
가능 소비 등의 업무를 수행했다. 한국에 들어온 뒤 글로벌녹색성장
연구소를 거쳐 다시 민간 기업에서 지속 가능 경영 업무를 하고 있다.

여성으로서 기후변화, 지속 가능 경영 쪽에서 다양한 경험과 능력을
보여주시고 있는데, 인적구조의 젠더 다양성과 지속 가능 경영의 성과와는
어떤 상관관계가 있을까요?

젠더 다양성은 지속 가능 경영으로 국한되기보다 전반적인 기업
경영 성과에 긍정적인 영향을 미친다는 것이 이미 HBR(Harvard
Business Review)나 McKinsey 연구 보고서로도 나와 있어요. 미
래 경영환경 변화에 대응하려면 생각의 다양성과 유연성이 중요

한데, 이런 면에서 젠더 다양성은 가장 기본적인 요건이 되어가고 있는 것 같아요.

지속 가능 경영을 위해 기업 내부의 집단지성을 발휘해야 하는 단계인데, 이러한 노력의 산물로서 기업 자체의 탄소 감축이나 자원 순환 면에서 성과를 내는 것을 넘어, 기업이 내부적으로 축적한 지속 가능 경영 노하우나 탄소 감축 자원 순환 기술을 활용해 외부에 서비스할 수 있는 비즈니스모델로 발전되는 사례도 있나요?

기후변화에 대응하기 위한 탄소 관련 기술은 아직 존재하지 않는 앞으로 개발될 신기술이 많기 때문에 기술적 독창성 자체가 기업의 부가가치가 되기도 해요. 예를 들어 탄소 포집 활용 기술을 개발하게 된다면, 기업 자체 수요뿐 아니라 외부에서도 그 기술을 사용할 수 있고, 관련된 서비스나 방법론으로 구축돼서 기업의 새로운 부가가치 요소가 되지요.

자원순환 비즈니스 모델의 경우 폐기물을 자원화 및 소재화하는 기술을 통해 원생소재(Virgin Materials) 사용량을 줄이고 공급망을 다원화함과 동시에 지속 가능 제품군의 확대로 인한 시장확대의 이득이 있을 수 있어요.

OECD 국가나 산업적으로 한국과 경쟁하는 중국 등과 비교했을 때, 한국 기업의 지속 가능 경영 수준을 어떻게 평가하시나요?

한국은 개발도상국에서 선진국으로 경제적 도약을 이루고, 다양한 제조업 포트폴리오를 가진 산업선진국으로 자리매김했는데, 아마도 다음 도약을 위해서는 지속 가능성을 내재화하고 경쟁력으로 삼을 수 있도록 새로운 비전과 철학을 기반으로 내실을 다져야 할 것 같아요.

미래 세대 중에 기업의 지속 가능 경영 쪽에서 일하고 싶은 분들께
추천해 주고 싶은 책은 무엇인가요?

『넷 포지티브 기업(Net Positive: How Courageous Companies Thrive by Giving More Than They Take)』라는 책은 지속 가능 경영 선구자인 유니레버 전 CEO 폴 폴먼이 공저한 이상적인 지속 가능 기업상을 소개하고 있는데요.

기후변화 쪽의 전체적인 내용을 파악하는데 빌 게이츠의 『기후재앙을 피하는 법(How to Avoid a Climate Disaster)』을 추천드려요. 특히, 첨단 IT 기업의 창업자인 저자의 시각은 기업 경영 입장에서 기후변화, 탄소 중립 달성을 위해 좋은 참고자료가 될 거예요.

우리나라의 2050년 탄소 중립 목표를 달성하기 위한 온실가스 감축 활동은 여러 부문(에너지의 전환, 산업, 건물, 수송, 농축수산, 폐기물 등)에서 다각도로 이루어져야 하고, 그 중심에 기업의 실제 감축 활동이 가장 중요하다.

하지만 환경 규제 극복은 기업의 독자적인 혁신과 지속 가능 경영으로만 극복하기 힘들고, 정부, 국책연구소, 국제기구 등의 공공 부문과의 협업이 필수적이다. 그래서 향후 성공적인 지속 가능 경영은 공공과 민간의 협력 파트너십의 효과적인 구축을 통해 기업의 핵심전략으로 내재화될 수 있을 것이다. 공공과 민간 두 개의 시각으로 지속 가능성을 추구하는 열린 자세는 기업뿐만 아니라 한국의 지속 가능한 성장과 탄소 중립을 위해 필수적으로 갖추어야 하는 미덕이 되고 있다.

삼성전자 지속가능경영추진센터 상무
# 정 인 희

서울에서 태어나 한국과 영국에서 교육을 받은 정인희 상무는 과학, 공학, 환경 경제 및 정책을 다루는 학제 간 학력을 가진 환경, 기후 및 지속 가능성 전문가이다.

지난 20여 년간 글로벌 지속 가능성 컨설팅 기업(ERM), 국제기구(UNEP 및 GGGI), 글로벌 화학기업(LG화학)을 거쳐, 현재 삼성전자 지속가능경영추진센터에서 일하고 있다. 이러한 전문적인 경험을 바탕으로 기후 행동, 순환 경제를 포함한 지속 가능성 문제에 대한 다각적인 통찰력과 관점을 보유하고 있다. 또한, 공공 부문과 민간 부문의 경험을 바탕으로 경쟁력을 유지하고 지속 가능성 어젠다를 추진하는 데 있어 협업과 파트너십을 적극 적용하고자 한다.

정인희 상무는 기업들이 핵심 사업 전략, 운영 및 기업 문화에 탈 탄소화 및 자원 순환성을 적극적으로 포함시킴으로써 현재의 글로벌 기후 및 자원 문제에 대한 해결책의 일부가 될 수 있다고 강하게 믿고 있다.

# 세계와 협력하다

: 글로벌 기후 위기 극복 위해 노력하는 혁신가들

# 개발도상국과의 어깨동무,
# 개발 협력을 위한
# 길을 찾다

JHSUSTAIN 대표
**박지현**

**By. 김정환**

*"Learning By Doing."*
우리가 시행착오를 겪으면서 경험했던 것처럼,
뛰면서 다시 생각하는 것, 그것이 국제 개발 협력이다.

　　우리나라는 한국전쟁 후, 선진국의 원조를 받는 개발도상국에서 반세기 만에 경제 개발 협력기구(OECD)와 G20의 일원으로 개발도상국을 돕는 나라로 변신한 유일한 국가가 되었다. 2010년 OECD 원조 클럽인 개발협력위원회 가입 이후, 한국의 대 개발도상국 원조는 매년 급성장하고 있고, 정부, 공공 기관 및 지방 자치 단체뿐 아니라, 민간 기업, 시민 단체 등도 한강의 기적이라고 불리는 한국의 성장 비법과 관련 지식, 기술을 전수하기 위해 다양한 방법으로 참여하고 있다.

　　교육, 보건, 공공행정 등 다양한 개발 협력 프로그램이 있는데 그중에서도 특히 기후 위기에 더 취약한 개발도상국의 기후변화 적응 역량을 강화하고 탄소 중립을 위한 경제, 사회 시스템을 만들기 위한 원조와 지원은 더 시급하고 중요한 과제가 되었다.

　　이러한 중요하고 의미 있는 일을 위해 개발도상국에서 많은 시간을 보내며, 그들의 고민을 듣고 해결하기 위해 노력하고 있는 환경 국제 개발 협력 컨설팅사 JHSUSTAIN 박지현 대표를 만나, 개발도상국의 기후변화와 탄소 중립 현황과 관련 분야의 일의 속살에 대해 들어본다.

## 개발 협력의
## 새로운 모델을 만드는 사람들

박지현 대표를 만날 즈음, 그녀는 라오스 출장을 다녀왔다. 라오스를 대상으로 기후변화 적응 역량 강화 및 물 관리 관련해서 KOICA (한국 국제 협력단) 프로젝트를 진행 중이기 때문이다.

개발도상국의 기후변화 적응력 강화를 위한 프로젝트 요소 중 하나가 물 관리인데, 보통 들어가는 사업 요소가 첫 번째는 기후변화 적응을 위한 물 관리 마스터플랜 수립이다. 다음으로 효율적인 물 관리 및 물 관련 재난 시나리오 대처 방안 마련을 위해서는 자료조사, 데이터 확보가 선행되어야 하는데, 이를 위한 실시간 모니터링 시스템과 소프트웨어 개발, 그리고 마지막 세 번째는 실제 관측장비들의 설치가 있다.

박지현 대표는 기존의 물 사업과 달리 기술과 시스템의 효율적인 운영 관리를 통해 전반적으로 유기적인 물 관리 체계를 구축할 수 있는 사회적 접근 측면, 즉 환경 조성(Building Enabling Environment)을 담당하고 있다. 즉, 라오스에 처음으로 협력적 물 거버넌스 구축 사업을 진행하고 있다.

이러한 사업을 위한 사전 조사 과정에서 라오스 정부의 여러 이해관계 당사자 중 환경부 수자원정책국에서 반드시 물 거버넌스(국가 수자원 관리 체계) 요소가 필요하다고 요청해왔다고 한다. 이렇게 개

일하는 사람들의 기후변화

발도상국 쪽에서 먼저 필요한 사항을 요청하는 것을 수원국 오너십 (Country Ownership)이라고 부른다. 전체 사업 컨소시엄에는 박지현 대표의 회사 이외에 한국 정부출연 연구기관, 엔지니어링 회사가 포함되어 있고, 2025년까지 물 거버넌스 협의체를 구성하고 운영 관리해서 최종적으로 라오스 정부 스스로 관리할 수 있는 상태까지 만들어주는 것을 목표로 한다. 전체 예산 1,100만 달러 중, 기본계획 수립 및 거버넌스 구축에 해당되는 사업관리 그룹 (Project management Consortium) 예산에서 거버넌스 협의체를 담당하는 박지현 대표의 회사는 6억 원 정도의 비중을 차지한다.

라오스 협력적 물 거버넌스 구축 사업이 JHSUSTAIN의 전략적 방향과 맞기 때문에 수행하실 텐데, 국제 개발 협력 분야의 회사를 창업하게 된 스토리, 그리고 그 이전에 해오셨던 일부터 시작해서 지금의 글로벌 영역에서의 창업 계기와 성장 스토리를 말씀해 주시겠어요?

저는 교육과 PR을 전공하고 일을 하면서 일과 연계하여 공부의 필요성을 체감하게 되어 국제 협력을 공부하게 됐습니다. 그리고 건설기술연구원에서 대외 협력 분야 업무를 시작으로, 물, 기후변화, 환경 이런 키워드를 가진 분야에서 계속 일하게 됐어요. 그 후, 한국물포럼, 세계물위원회 코디네이터, 재난안전연구원을 거쳐 약 10년 정도 공공 내지 비영리 분야에서 일하면서 어드보커시(Advocacy: 정책 활동의 지지를 끌어내는 활동) 쪽에 포커스를 맞춰 일하다 보니까, 이러한 활동이 현장에서 생각하는 방향대로 실질적인 결과를 가지고 올 수 있냐는 딜레마를 갖게 됐어요. 그런 와중에 약 10년 전부터 ODA(Official Development Assistance: 공적 개발 원조) 프로젝트에 참여하게 되어 한-아세안 협력 기금 사업을 기획하면서, ODA 사업을 직접 발굴하고 관련된 이해관계자들과 일하면서 재미를 느끼게 됐습니다. 그 과정에서 제가 하는 일이 공공 기관에서 하는 일이긴 하지만, 공공 기관에서 하는 방식으로 하지 않는 것이 맞다는 생각을 했어요. 제가 원하는 방향을 설정해 가려면 제 회사를 설립해야겠다는 결론에 이르게 되었답니다.

말씀 중에 몇 가지 전문용어를 말씀하셨습니다.
그중에 어드보커시라는 일을 하셨다고 했는데, 기후, 환경, 물 분야에서
어드보커시는 어떤 일을 말하나요?

저는 어드보커시가 모든 분야를 다 통틀어서 의사 결정권자의 우선 의제로 삼을 수 있도록 어떠한 액션을 취하는 과정을 의미한다고 생각해요. 그래서 분야별로 진행해 나가는 과정, 의사 결정권자에게 접근하는 과정을 바탕으로 어떤 패러다임의 변화를 꾀하는 건 공통적으로 비슷하다고 생각해요. 결국, 정책 결정권자들이 바른 의사 결정을 할 수 있는 방향으로 가이드하고 관련된 정보를 제공하고 최종적으로 액션을 할 수 있는 그런 환경을 조성하는 일이 어드보커시이고 개발도상국을 대상으로 직접 사업을 결정하는 데 근거가 될 수 있는 영향력과 인식 제고 및 확산의 일환이 되죠.

일하는 사람들의 기후변화

요즘 코로나 팬데믹 때문에 개발도상국에 백신을 분배하거나,
글로벌 식량 위기에 부족한 식량을 제공하거나 기후 재난에 대비하는 일이
모두 ODA에 포함될 것 같습니다. 대표님이 생각하는 ODA는 어떤 것이고,
특히 기후변화, 환경, 물 분야의 ODA는 어떤 특성을 가지고 있다고
생각하시는지요?

요즘은 공적 개발 원조(ODA)라는 용어 대신, 개발 협력(Development Cooperation)이라는 말을 많이 사용합니다. 세계적으로 평균적인 경제 수준에 이르지 못한 국가, 즉 저개발국 또는 개발도상국이 지속 가능한 경제·사회적인 성장을 할 수 있게끔 선진국들이 재원을 조성해서 협력 사업을 하는 것을 일반적으로 공적 개발 원조, 또는 개발 협력이라고 할 수 있어요.

그리고 물, 기후, 환경 분야의 ODA는 그린 ODA라고 일컬어지고 있는데, 먼저 기후변화 분야는 개발도상국의 온실가스 감축을 돕는 일, 또 기후변화라는 현상 자체는 불가피하게 일어나기 때문에 이에 대한 적응력을 강화시키자, 이렇게 두 가지 트랙의 개발 협력이 있어요.

물 분야로 좀 더 설명하면, 기후변화로 인해 예측 불가능한 물 관련 극한 재해(홍수, 가뭄, 등)의 피해가 커진다거나 빈도가 잦아지는 상황에 대한 적응력을 강화하는 방향이 있고, 자연기반 솔루션을 이용해서 홍수 관리나 수량 관리를 하는 측면에서 예전에는 인프라스트럭처 건설을 중심으로 했다면, 이제는 조림 사업 등을 통해 자연 자원에 대한 영향을 줄이는 저영향 방식을 도입해서 전체 사업을 다각화하는 추세입니다.

# 한국의 개발 협력,
실행하며 배운다

우리나라는 선진국 원조 클럽이라고 하는 OECD DAC에 가입한 2010년 이후, ODA 예산이 매년 두 자릿수 포인트 이상으로 증가해서 2022년에는 약 4조 원의 연간 예산을 개발도상국에 지원하고 있다. 국무총리실 산하에 국제개발협력위원회가 만들어지면서 전체적인 정책과 사업 조정을 하는 시스템을 하나씩 갖춰 나가는 중이다. 즉, 짧은 기간에 직접 실행해 가면서 배우는, Learning by doing 과정이라고 말할 수 있다.

우리나라는 코로나 팬데믹의 영향으로 보건 분야를 비롯해 우리나라의 강점인 교육, ICT, 그리고 공공행정(전자정부), 기후변화 등의 분야를 중점적으로 개발도상국을 지원하고 있다.

엄청나게 커진 규모에 비해 아직 경험이 부족한 것은 사실이다. 개발 협력이라는 것이 말 그대로 개발도상국과의 협력인데, 해당 국가들에 가보면 에너지, 물, 폐기물 등 도움이 필요한 산업별로 조인트 그룹이 있다. 이러한 분야를 지원하기 위해 각 선진국 원조 기관, 유엔, 세계은행 같은 국제기구들이 활동하고 있다. 이들은 정보를 공유하고 어떤 분야에서 사업이 더 필요한지, 어떤 시너지를 함께 낼 수 있을지 등 서로 피드백 세션을 가지고 발전시켜 나가고 있다. 아쉽지만 우리나라 기관들은 이 조인트 그룹에서 아직 역할을 충분히 못하고 있는

일하는 사람들의 기후변화

게 현실이다. 다른 선진국에 비해 해당 분야에서 일하는 인력이 적다 보니, 개발도상국 현지에서 필요한 상황 파악이 부족한 편이다.

　개발 협력에는 다양한 방법과 통로가 존재한다. 또한, 기술적인 면 뿐만 아니라, 사회과학적 지식과 소양도 필요할 것이다. 4차 산업 혁명 시대에 인문학이 더 필요한 까닭이 이것이다. 당장 필요한 먹을거리나 소용이 될 것뿐 아니라 장기적이고 지속 가능한 경제 사회 개발을 할 수 있는 시스템을 마련하기 위해서는 사람에 대한 이해를 먼저 해야 한다. 단편적인 지원뿐만 아니라 그 사회에 대한 좀 더 심도 있는 이해가 필요한 분야가 국제 개발 협력 ODA 분야이고, 이를 위한 한국적 경험을 바탕으로 한 철학적 배경이 필요할 것이다.

ODA, 개발도상국과의 협력 사업을 하는 방법이 다양할 것 같습니다.
국내에도 기후, 환경 분야에서 컨설팅 사업을 하는 기업들이 있는데,
이런 기업들과 JHSUSTAIN은 어떻게 다른지 궁금합니다.
또, 개발도상국과의 협력 사업이 정부 기관을 통해서 뿐만 아니라
민간 기업 등 다양할 것 같은데, 어떤 방식이 있나요?

　　국내에서 활동하고 있는 환경 컨설팅 업체의 경우에는 바라보는 마켓이 국내기업들의 탄소 감축에 대한 컨설팅과 ESG(환경, 사회, 거버넌스) 관련해서 선진국 컨설팅 업체와 파트너십을 맺고 그쪽 케이스를 가져와 한국에 적용해서, 탄소배출권 거래나 온실가스 감축에 대한 산정 등 좀 더 기술적인 부분에 대한 일을 합니다.
　　반면, 저희 경우는 특정 섹터보다는 국제개발학, 사회학, 정치 외교 등 사회과학 분야의 전문가들이 개발도상국의 전반적인

경제·사회 개발 사업 기획을 한다는 점에서 차이가 있어요. 물론, 저희도 GCF(녹색기후기금) 제안서 개발 등을 할 때는 특정 기술적인 부분에 대한 이해와 활용도 필요하고요. ODA의 재원이 코이카와 같은 정부 기관에서 나오지만, 민간기업과의 공공-민간협력(Public-Private Partnership)을 통해, 기업의 CSV(기업의 사회적 가치 창출) 사업을 개발도상국과의 협력 사업과 연결해서 추진하는 방안도 계속 모색하고 있어요.

개발도상국과 협력하기 위해서는 어떤 관점이 필요할까요?
예를 들어 지금 하고 계신 라오스 협력적 물 거버넌스 구축 사례나 메콩강 유역 공공 민간협력 사업을 추진할 때 어떤 관점을 중점적으로 고려하셨나요?

본질적으로 개발 협력을 바라보는 관점 중 한 가지 부정적일 수 있는 관점이 있는데, 대개 이런 개발도상국 대상 협력 사업을 통해서 한국 참여 기관에서는 그 나라에서 추가 사업 기반을 만들 수 있도록 ODA 원조를 활용해야 된다는 이야기를 많이 해요. 그런데 저는 이게 좀 주객이 전도될 때도 많이 있다고 느껴요. 예를 들어 기후변화 관련 협력 사업의 여러 하위 사업이 있을 때, 개발도상국에서 가장 필요로 하는 부분을 우선순위로 해서 전체 그림을 그려야 하는데, 지금 그렇게 하기보다는 우리가 딱 만들어 놓은 트랙이 있을 때, 그 트랙을 수원국에서 받아들이게 하는 형식으로 사업을 만들어 가고 있다고 느껴지거든요. 저는 사업을 형성하고 기획하면서 수행지침을 제시하지만, 사업의 주목적은 수원국의 니즈에서 출발해야 한다는 점을 분명히 인식하고 사업에 접근할 필요가 있을 것 같아요.

우리나라는 탄소 감축 목표를 달성하기 위해 요즘 해외 사업이라고 하는,
공공기관이나 민간기업들이 개발도상국과 협력 사업을 통해
탄소배출권을 가져오는 것에 관심을 많이 가지고 있는데,
개발도상국은 이런 한국 파트너들에 대해 어떤 인식을 가지고 있을까요?

제가 느끼는 개발도상국 사람들은 사실은 협력 사업 쪽에서 저
희보다 훨씬 스마트해요. 왜냐하면, 우리만 이런 사업을 하는 게
아니라 이미 오랫동안 다른 선진국 기관들을 통해서 여러 부분
을 겪어 왔습니다. 그 사람들은 개발을 위한 재원이 부족한 것이
지 지식이나 경험이 부족한 것은 아니거든요. 그 나라에서 정책
을 만들고 책임지는 사람들이기 때문에 자국을 위해 뭘 어떻게
할 수 있을지에 대해서 오히려 저희보다 전체적인 그림을 그리는
경험 많은 사람들이에요. 그래서 한국에서 여러 기관들이 ODA
예산을 가지고, 제대로 된 사전 지식없이 움직이니까, 개발도상
국 입장에서는 한국에 대해 안 좋은 인식을 가질 수도 있어요.
그리고 물 분야 같은 경우는 공공적 기반 성격을 가진 사업인데,
유럽 등 선진국 기관들은 현재는 물 분야 인프라 건설 사업은 크
게 하지 않는 반면, 상위의 제도혁신(Institutional Innovation) 즉, 유
럽의 소프트웨어를 연결해서 전체를 메콩 파트너십으로 모아가
는 큰 그림을 잘 그려서 개발도상국을 리드합니다.
반면, 한국 기관들은 실제 기획하고, 실행하는 면에서 전체를 연
결하는 부분이 잘되지 않는 것 같아요. 결국, 한국은 좋은 파트
너인지, 한국이 얘기하는 것이 일리가 있는지, 그리고 그들이 원
하는 것을 한국이 들어줄 만한 자세나 역량을 가지고 있느냐 하
는 면에서 좀 더 많은 고민이 필요하다고 생각해요.

# 기후변화,
## 전 세계 모든 국가가 협력해야 할 과제

국제 개발 협력 분야에서 우리나라는 아직 수업료를 내면서 배우고 실행하는 단계, 즉 Learning by doing 과정에 있다. 제대로 배우기 위해서는 개발도상국의 현실을 바로 아는 것이 먼저일 것이다. 최근에 우리나라도 기후 재난이 현실화되어 자연재해로 막대한 피해를 입었지만, 기후변화에 대한 사회적 인식과 특히 장기적 관점의 대처는 부족한 것이 현실이다.

개발도상국을 많이 다니는 박지현 대표는 그곳의 기후변화에 대해 누구보다 관심이 많다. 그녀가 필리핀을 대상으로 녹색기후기금(GCF) 사업을 개발하려던 계기도 그러하다.

지난 2013년, 슈퍼 태풍으로 필리핀 타클로반이 초토화되고 6천 명 이상이 사망한 적이 있다. 그녀는 이곳에 개인적으로 가보고 싶은 마음이 들어 태풍이 휩쓸고 간 지 4년 후 가보았다. 그런데 그때까지도 태풍에 모든 것을 잃은 그대로였다고. 타클로반은 필리핀에서 두 번째로 빈곤한 지역이긴 하지만, 그래도 4년이나 지났는데 아직도 인프라 복구가 많이 이루어지지 않은 상태였다.

박지현 대표는 "필리핀을 포함해서 동남아시아 국가들이 지리적으로 지진이나, 태풍 같은 재난에 취약하고 또 그런 자연재해뿐 아니라 경제적으로도 취약해서 실업률이 상당히 높아요. 저희 회사가 개발해서 제안하는 프로젝트를 통해서 기후 재난에 대한 대응력을 강화하고 더불어 에코투어리즘 같은 일자리를 만들어 경제 개발을 동시에 추진할 수 있는 사업을 앞으로도 계속 만들고 싶어요."라고 말했다.

개발도상국은 현재의 기후변화에 대한 역사적 책임이 없지만, 경제 발전과 탄소 감축을 같이 해야 하고, 기후변화에 따른 적응도 해야 해서 선진국보다 더 어려운 상황에 처해 있다. 코로나 팬데믹에서 경험했듯이, 모두가 안전하지 않으면 누구도 안전하지 않다는 말처럼, 기후변화도 어느 한 개인이나 한 국가의 문제가 아닌, 전 인류가 겪어나갈, 그래서, 전 세계 모든 국가가 협력해서 해결해야 할 과제이다.

2023년 한국의 ODA 규모는 전년 대비 20%이상 증가한 4조 8천억 원이다. 역대 최대의 증가폭이며, 향후 세계 10대 ODA국가로의 위상을 향해 나아가고 있다.

하지만, 이러한 양적성장에 더해 좀 더 질적으로 성장된 ODA전략이 필요하다. 즉, 개별 사업의 효과성을 제고하는 것 뿐 아니라, 수요자 중심의 전략을 마련해야 한다. 증가하는 ODA의 수요의 중심에 개발도상국의 기후변화 대응이 있다. 또한, 한국이 기존에 중점적으로 협력했던 아시아 국가 뿐만 아니라, 기후 위험에 취약한 아프리카 지역 또한 관심을 가져야 한다.

한국은 이제 세계 사회에 밀접하게 연결되어 있고, 개인이 선택할 수 있는 미래와 직업도 다양해졌다. 한국이 국제사회에서 좀 더 책임 있는 파트너로서 더 열린 사회가 되기 위해, 한국이 아닌 개발도상국의 발전과 개발을 위한 다양한 일에 참여하는 것은 단지 그들을 위한 것이 아닌, 우리의 미래를 위한 투자이기도 할 것이다.

우리나라의 경험, 즉 빠른 시간 내에 원조를 받는 나라에서
줄 수 있는 나라로 바뀐 경험이 잘 쓰일 수 있는 가능성은 있다고 보시나요?

물론 가능하죠. 하지만 국민적 성향 자체가 좀 다르니까 가능성
을 확신하긴 어려울 것 같아요. 우리는 힘들었을 때도 교육시키
고 부지런히 움직이고 열심히 해 무언가를 성장시키는, 경쟁적인
문화를 통해 만들어졌다면, 지금의 개발 협력 대상 국가들의 사
회적 상황과 문화, 가치관들은 다 상이하니까요.

그럼, 개발도상국과의 실제 협력 사업에 참여하고 싶다면,
아까 말씀하신 것처럼 여러 방법과 통로가 있을 것 같은데, 조금 더
자세하게 개발 협력 관련 일의 속성은 어떤가요? 즉, 주로 만나는 사람,
얘기하는 주제, 하는 일은 어떤 건지, 예를 들어 사업의 제안부터 실행,
그리고 최종 마무리까지, 어떤 일의 일상을 가지고 계신가요?

저희 일은 크게 두 트랙, 연구과제와 사업으로 나뉘어요. 사업은
기획, 수행, 그리고 평가의 전 과정이 있고, 관련된 리서치와 더
불어 이해관계자 연계(Stakeholder Engagement)가 반드시 들어가야
하는 부분이 있어요. 코로나로 인한 제약이 어느 정도 풀려서 요
즘 연속적으로 출장이 있는데, 가게 되면 회의의 연속이죠. 개발
도상국 정부 부처 관계자들, 유사한 프로그램을 하는 타 기관,
지방 정부들과 만나 협의해야 하는 의제들을 각각 제안하고 한
번 전반적인 회의를 하고 다음 단계로 가기 위해 무엇을 해야 할
지에 대한 피드백과 관련된 1대1 미팅을 하는 식으로 2주의 출
장이 진행됩니다.

일하는 사람들의 기후변화

결국, 이해관계 당사자들과의 코디네이션, 즉 조정이 주된 일이 되고,
그것에 따라 프로젝트 진행 방향에 대한 결정, 실제 구현,
그다음에 평가까지 전 과정을 경험하게 되는 다양한 일이 되겠네요.
그럼, 이 분야를 하고 싶어하는 사람들이 준비해야 할 기술은 어떤 게 있을까요?

논리적 사고를 할 수 있는, 즉 본인만의 논리적 접근 방법을 갖추고 있어야 할 것 같아요. 엔트리 레벨, 즉 개발 협력 분야에 처음 관심을 가진 사람은 특정 산업이나 사업을 본인이 직접 경험해 보지 못하고 간접적인 경험을 해 봤을 거예요. 그런 경우, 많은 정보가 들어왔을 때, 자기의 영역에서 소화시킬 수 있게 분류하고, 우선순위를 정하는 능력이 필요해요. 이를 위해선 관련된 책, 논문도 당연히 봐야 하고, 컨퍼런스, 웨비나도 열심히 찾아서 들어봐야 하지요. 이런 참여적인 접근도 필요하면서 지금 만나는 이해관계자나 같이 일하는 팀 동료가 가지고 있는 각양각색의 특징을 자기만의 관점과 언어로 이해하고 소화해 낼 수 있는 능력이 필요해요.

개발 협력 분야에서 실행하면서 배우고 개발도상국의·입장을 바탕으로
본인만의 관점을 가지는 훌륭한 개발 협력 전문가가 되고 싶은 분들에게
추천해 주고 싶은 책은 무엇인가요?

『팩트풀니스(Factfulness)』입니다. 다른 책도 있지만 그래도 이 분야의 일을 하려고 한다면 이 책을 추천합니다. 사실을 바탕으로 세상을 이해해야 하는 일이 우리 개발 협력 일이기 때문입니다.

실제로, 세상이 나아지고 있느냐는 문제를 보면,

통계나 지수를 보면 좋아지고 있긴 하죠. 하지만, 이제 갭은 더 커지는 것 같고요.

세상은 전반적으로 나아지는 것 같은데, 해결해야 문제의 난이도와 격차는

더 커지는 것 같습니다. 이를 해결하고 메우기 위한 박대표님과

JHSUSTAIN의 다음 계획은 무엇인가요?

비재무적 관점의 ESG 사업을 계획하고 있어요. 기업이 지속 가능성을 기업의 공급망과 더불어 기업의 핵심 활동의 하나로 보고 내재화할 수 있는 전략을 고민할 수 있도록 말이죠.

또한 JHSUSTAIN 창립 이래 동남아시아에 초점을 두고 사업을 수행해 왔는데, 세계물포럼 아시아·태평양 지역 및 주제별 코디네이터 역할을 하면서 네트워크가 형성된 중앙아시아 대상으로 기후변화 적응 역량 강화 사업을 논의하고 있습니다. 이 지역은 특히 물 분쟁이 국토 분쟁으로 연계되기도 하는 전통적 안보와도 관련이 있어 협력적 접점을 찾아나가는 노력이 더욱 강조되고 있어요.

일하는 사람들의 기후변화

JHSUSTAIN 대표

박 지 현

2005년부터 2012년까지는 물, 기후변화, 재난의 키워드로 한국건설기술연구원, 국립재난안전연구원에서 연구직으로 근무하였고, 물 분야 대외 협력의 플랫폼 역할을 수행하기 위해 설립된 비영리법인 (사)한국물포럼 사무국의 창립멤버로 일하였다. 기후변화에 특화된 국제 협력 및 대외 협력을 위한 사업을 기획하고 대내외적으로 UN 물과 재해 고위급 전문가 패널 활동 등 정책 지원 및 Alliance for Water Stewardship 국제표준개발위원회 활동 등을 수행하며, 2014년부터는 '수재로부터 강한 아세안 구축'을 주제로 한-아세안 협력 사업을 필두로 본격적으로 환경 국제 개발 협력 사업을 시작하였다.

2017년 JHSUSTAIN이라는 컨설팅사를 설립하면서 재난위험경감과 기후변화 적응, 나아가 기후변화 외교 역량 강화에 초점을 두고 지속적인 인간 정주를 목표로 하는 프로젝트 수행을 위해 국가, 지역, 지역사회 차원의 다양한 파트너십 중심으로 협력적 거버넌스 구축을 지원하고 패러다임 전환에 기여하는 일을 하고 있다.

# 에너지의 현재와 미래를
# 관통해
# 탄소 중립 백년대계를 쓰다

S&P Global Commodity Insights 이사
**허윤재**

**By.** 김정환

*"장기적이고 균형 잡힌 시각으로
우리만의 모델을 찾아야 하는 것이
에너지 분야입니다."*

    2022년 초 우크라이나에서의 러시아 전쟁으로 인해 러시아에 대한 경제 제재와 유럽으로의 러시아 가스 공급 불안정으로 석유, 가스 등의 에너지 가격이 급등한 상황이다. 석유, 가스, 석탄 등 에너지의 대부분을 수입에 의존하는 우리나라는 국제 에너지 가격 급등으로 무역적자가 증가하고 경제 성장에 악영향을 받고 있다. 더불어 에너지 안보 문제로 재생 에너지로의 전환을 가속화하던 각국은 원자력으로 눈을 돌리거나, 석탄 발전을 임시 방편으로 에너지 부족을 해결하면서 기후 위기 해결을 위한 온실가스 감축이 늦어질 가능성이 높아졌다. 2021년 우리나라에서는 경유차에 들어가는 요소수 부족으로 물류대란 우려까지 있었는데, 그 원인은 요소수의 주공급원인 중국이 온실가스를 줄이기 위해서 요소수의 원료인 석탄 사용을 제한하면서 촉발되었다.

    기후 위기 해결을 위해 기존 화석 에너지를 재생 에너지로 전환하려는 에너지 전환은 우리 시대 가장 큰 도전 과제이지만, 해외 에너지 의존, 부족한 재생 에너지 보급, 그리고 고립된 에너지 섬인 한국의 지리적 입장에서 에너지에 대해 균형 잡힌 시각을 가지고 미래를 전망해 볼 필요가 절실하다.

    글로벌 에너지 리서치 전문기관 S&P Global Commodity Insights의 허윤재 이사를 만나 에너지의 현재와 미래를 연결해 본다.

# 수평적 글로벌 조직에서 열린 마음으로
## 에너지 문제를 보다

S&P Global은 신용평가사인 Standard & Poor's로 국내에 잘 알려져 있지만, 실제로는 신용평가뿐 아니라, 에너지, 수송, 금융 등 여러 부문에 관여하고 있다. 허윤재 이사는 S&P Global Commodity Insights 부문에서 가스, 전력, 기후솔루션(Gas, Power and Climate Solutions) 팀에서 일하고 있고, 한국 시장 리서치와 아시아 타 지역, 그러니까 중국, 인도, 동남아 지역 리서치 담당자와 공동으로 리서치 하고 있다. 예를 들어, 베트남의 해상 풍력 등에 대한 리서치 같은 주제이다.

그는 S&P Global Commodity Insights 이전에 블룸버그 홍콩지사에서 금융권의 ESG 인덱스, 평가 등의 업무를 했고, 그 후 글로벌 녹색성장연구소(GGGI)에서 개발도상국 녹색 성장 지원 업무, 언스트앤영(EY)에서 에너지 분야 컨설팅 업무를 했다.

학부에서 농경제학을 전공했고 첫 직장은 소비재 회사인 P&G였다. 재무팀에서 제품 가격책정이나 투자 수익률 등 꼭 필요한 업무 기술을 습득하고 쌓았는데, 업종이 소비재 쪽이라 다음 커리어를 고민하다 영국 런던정경대학(LSE)에서 환경 정책 석사를 하게 됐다. 당시 2009년 코펜하겐 UN 기후변화회의 때였고, 대학원 과정 중 인턴으로 CDP(Carbon Disclosure Project: 탄소 정보 공개)에서 공급망 분야, Trucost에서 기업 탄소 발자국 관련 일을 하게 됐다. 더불어 대학원에서 정규 수업 외에 다양한 기후변화 시리즈 강의를 접하며 많은 부분을 배웠다고 한다. 당시 한국에서는 녹색 성장이 국가적 어젠다로 설정되어 기후변화에 대한 관심이 일어나기 시작한 때다.

글로벌 다국적 기업, 국제기구, 외국 컨설팅 회사 등에서 경력을 쌓으셨는데,
외국계 회사가 한국 기업, 특히 대기업과 비교해서
어떤 차이가 있다고 생각하시나요?

조직 내 협업적 관점에서 조직이 확실히 수평적이라는 생각이 들어요. 물론, 글로벌 조직도 상하 체계와 보고 라인은 분명 존재하지만, 예를 들어 우리 회사의 에너지 부문 창업자인 부회장과도 직접적으로 일대일로 일할 수 있어요. 격식 없이 위계에 상관없이 서로 간의 필요에 따라 소통하는 거죠. 만약, 수소 에너지 쪽에 대한 조언이 필요하면, 그 분야의 회사 동료를 찾아서 연락하고 서로 도움을 받을 수 있어요. 이렇게 서로 돕고 격려하는 문화가 있는 것 같아요. 이런 문화는 제가 다녔던 외국 기업에서 어느 정도 공통적이었던 같고, 개인적으로 봤을 때는 회사뿐 아니라 자기를 성장시키는 데도 굉장히 중요한 문화인 것 같아요. 근데, 이것을 반대로 이야기하면 내가 적극적으로 나서지 않으면 회사에서 존재감이 없어진다는 의미도 됩니다.

적극적이지 않으면 이 사람은 질문이 없는 사람,
생각이 없는 사람으로 인식되는 경우가 많지요.

네, 한국 직원 중에 한국 회사 다니는 것처럼 시키는 일만 하는

경우가 있는데 이렇게 되면 회사에서 찾지 않더라고요. '이 사람은 뭐 하는지 잘 모르겠다'고 인식되는 것 같아요. 하고 싶은 분야가 굉장히 확실하고, 그 분야를 열심히 찾아 배우는 사람이 확실하게 빨리 성장할 수 있는 환경인 것 같아요.

결국 상호 협력한다는 측면에서 한국 기업은 개별적인 인적 능력은 뛰어나지만, 전체를 보는 능력이라든지, 부서간 협력의 관점에서는 다시 생각해 봐야 하는 면이 있죠. 그럼, 하루의 일상, 본인 업무 계발이나 외부 관계자와의 일은 어떤 가요?

보통 다른 직장인하고 크게 다를 것 같지 않지만, 배워야 할 것이 많기 때문에 출근할 때 에너지 관련 팟캐스트를 꼭 듣는 게 습관이 됐어요. 저도 저희 회사 팟캐스트에 인터뷰 한 적이 있고요. 저 같은 경우는 외국 회사가 고객인 경우가 많아서 전화 회의를 많이 하는 편인데, 최근 한국 에너지 시장에 진출했거나 진출하려는 기업들이 많아요. 제가 관련된 이슈에 대해 보고서를 만들면 그 내용 브리핑과 관련한 질문 세션이나, 특정 주제에 대한 발표를 합니다.

또, 한국 회사들과는 LNG나 수소, 재생 에너지 이슈 관련해서 일하고 있습니다.

## 에너지 전환의 핵심은 속도와 방향, 우리의 선택은?

우리나라는 에너지 소비가 많은 국가이다. 에너지원 별로 다르긴 하지만 LNG는 수입 규모가 전 세계 3위, 석탄 5위, 석유는 10위 안에 든다. 한마디로 화석 연료의 큰 고객인 셈이다. 이런 까닭에 외국 에너지 관련 기업들이 우리나라에 많은 관심을 가지고 있다. 특히, LNG 같은 경우 우리나라가 미국 LNG를 가장 많이 수입하고 있다. 전 세계 LNG 수입 1, 2, 3위가 중국, 일본, 한국이기 때문에, 외국 입장에서는 한국가스공사의 움직임에 촉각을 곤두세우고 있다. 우리나라의 1차 에너지 공급을 보면 원전 등을 제외하고 화석 연료가 80% 정도인데, 최근 30년 동안의 사용을 살펴보면 이 비율이 바뀌지 않고 있다.

원래 외국 회사들이 한국 에너지 시장에 관심을 갖고 있는 분야는 화석 연료 판매 시장이지만, 최근 해상 풍력과 기업 전력 직접 구매 (PPA: Power Purchase Agreement) 등이 새로운 관심 분야로 떠오르고 있다. PPA는 전력 시장을 통하지 않고, 전력 판매자와 사용자가 직접 거래하는 방식을 말한다.

한국 정부는 해상 풍력 발전을 통한 재생 에너지 직접 구매에 대해 정책적 지원 신호를 많이 주었다. 2030년까지 12GW의 해상 풍력 발전을 하겠다는 목표는 거의 1년에 1GW라는 엄청난 양의 해상 풍력 발전소를 지어야 한다는 뜻이고, 20년 장기 계약과 고정 가격으로 생산된 전력을 판매할 수 있다는 것은 판매자 입장에서 가격 변동 위험이 없는 사업인 셈이다. 특히, 이렇게 생산된 전력을 정부에서 지원하는 공기업이 사주겠다고 보증한다는 것은 해상 풍력 사업을 드라이브하는 요인이 된다. 이런 까닭에 외국의 주요 해상 풍력 사업자들은 이미 한국 시장에 진출해서 투자 및 사업 계획을 크게 세우고 있다.

또한 수출 비중이 높은 한국의 경제구조 때문에, 애플을 중심으로 해외 기업으로부터 재생 에너지 100%(RE100) 조달 압박을 받는 국내 기업이 급증하고 있어, PPA사업에 대한 문의가 최근 급증하고 있다. 국내 기업뿐 아니라 의외로 한국에 제조 공장을 가진 외국 회사들도 많다. 예를 들어 울산의 석유 화학 단지가 그렇다. 이런 글로벌 기업들은 본사 차원에서 이미 재생 에너지 100%(RE100) 목표를 발표했는데, 한국에 있는 공장의 온실가스 배출량이나 에너지 사용량이 상당하기 때문에 한국의 현재 에너지 상황과 향후 전력 시장 구조가 어떻게 될지, 재생 에너지 발전이 빠른 속도로 늘었을 때 문제가 없을 지 등에 관심을 가지고 있다.

허윤재 이사가 소속되어 있는 S&P Global Commodity Insights 에서도 최근 재생 에너지 구매(Clean Energy Procurement) 서비스를 론칭해서 관련 리서치를 제공하고 있다.

일하는 사람들의 기후변화

우리나라는 화석 연료에 대한 의존이 많을 것 같은데,
화석 연료를 사용하는 발전, 수송 등이 온실가스 배출에
가장 큰 기여를 하고 있기 때문에 기후변화 문제 해결에 에너지 문제가
가장 중요한 이슈 같습니다.

물론 에너지가 기후변화에서 차지하는 비중이 크긴 한데, 기후변화는 에너지만의 문제는 아니라 훨씬 광범위한 문제입니다. 한국은 대외적으로 2050년까지 탄소 중립을 달성하겠다는 목표를 가지고 있습니다. 실제로 온실가스 배출량 데이터를 보면 전력을 생산하는 전환 부문, 산업, 수송 등 여러 부문이 있는데, 이런 각 부문에 대해 향후 어떻게 온실가스를 감축할 것이냐가 중요하지요. 하지만 발전 쪽 말고는 딱히 솔루션이 아직 없는 상황이에요.

말씀대로 탄소를 배출하지 않고 전기를 생산하는 재생 에너지 발전을 늘리고,
내연 기관 자동차를 전기 자동차로 전환하는 등 노력을 하고 있지만,
아직까지 전기 차 자체도 화석 연료로 만든 전기를 사용하게 되는 경우도 있겠죠.

태양광, 풍력 발전은 지금 당장 할 수 있는 분야지만, 그것만 가지고는 절대 해결이 안 되거든요. 말씀드린 대로 온실가스 배출원을 보면, 산업계, 특히 철강, 시멘트 등 업체에서 배출량이 많은데, 한국은 온실가스 배출권 거래제라는 온실가스 배출권을 사고파는 제도를 통해 기업들이 스스로 감축하게 하고 있어요. 이 배출권을 정부에서 무상으로 나눠주고 있고, 오히려 정부의 온실가스 감축 정책이 기업 자체의 감축 투자와 실제 감축에 비해 소극적이라는 평가까지 있어요.

한국의 에너지 전환은 한국만의 문제가 아니라, 한국과 비즈니스 하는 글로벌 기업들에게 큰 관심 사항이네요. 화석 연료에서 재생 에너지로의 에너지 전환은 한국의 2050년 탄소 중립 목표에 가장 중요한 부문인데, 에너지의 탈 탄소화를 통해 한국이 2050년 탄소 중립을 달성할 가능성에 대해 어떤 생각을 갖고 계신가요?

저희 같은 애널리스트들은 장기 전망을 하거든요. 장기 전망이라고 하면 2050년까지, 1년에 한 번씩 완전 기초부터 전체를 모델링 하는데, 한국의 경우에는 기존에 세운 국가 감축 목표(NDC: Nationally Determined Contributions) 실행을 통한 탄소 중립과 비교해 봤을 때, 훨씬 많은 온실가스 배출량이 예상되고 있어요. 그이유는 여러 가지가 있겠지만 전력 시장 구조가 바뀌지 않으면 지금의 화석 연료 중심 구조에서 바뀌기가 굉장히 어렵다는 현실적인 문제가 있어요.

결국, 한국은 공장을 세우지 않는 이상, 그냥 하던 대로, 살던 대로 하게 되면 에너지 전환도, 탄소 중립도 안 된다는 거죠. 그럼, 어떤 변화가 필요한가요?

지금 전력 시장은 독점 구조로 되어 있어서, 한국 전력이 자회사를 통한 발전, 송배전, 판매 시장을 모두 갖고 있습니다. 최근 나온 문제가 전력 생산을 위해 외국에서 사 오는 석탄, 가스의 가격이 너무 올라 전력 생산 원가는 올랐는데, 이 부분을 판매 시장 가격에 제대로 반영 하지 못하고 있다는 점이지요. 왜냐하면 정부에서 물가 안정을 위해 전력 가격을 규제하고 있기 때문이죠. 그래서 한전의 적자가 엄청나게 발생하고 있어요.
적자가 계속된다면 송배선망에 대한 투자를 제대로 할 수 없게 되고, 향후 에너지 전환을 위한 해상 풍력이나 태양광 발전 추진에도 영향을 줄 수밖에 없죠. 그래서 외국에는 전력의 발전, 송배전, 판매 부문을 별도의 회사로 분리해 두고 있어요.

현재의 구조나 추세로 보면 한국은 에너지의 탈 탄소화와 탄소 중립이 어려운 과제가 되는 것 같네요. 보통 어떤 변화를 추구할 때, 방향성도 중요하지만, 이런 변화의 속도나 규모를 어떻게 정하느냐도 중요한데, 한국의 에너지 전환을 속도나 규모 관점에서 다른 OECD 국가 등과 비교해 봤을 때, 어떻게 평가하시나요?

다른 국가와 비교하면 확실히 느린 편입니다. 그래도 최근에 이걸 바꿀 수 있는 부분이 기업들의 재생 에너지 전력 직접 구매 요구인데, 이런 요구가 태양광이나 풍력 시장을 활성화시킬 수 있긴 합니다. 하지만 현재 정부 주도의 에너지 시장에서는 분명히 한계가 있는 것 같아요.

최근 구글이나 마이크로소프트 같은 글로벌 기업처럼 한국 기업들도 재생 에너지 100% 사용이나 기업 차원의 탄소 중립 목표를 대외적으로 선언하고 실행하고 있는데, 이런 기업들의 방향 설정이나 투자 상황은 어떤가요?

최근 한국 기업들의 이런 움직임은 자발적인 면도 있지만, 외국 시장에서의 재생 에너지 사용 압력에 따른 영향도 분명히 있는 것 같아요. 그래서 재생 에너지 쪽 투자를 많이 하려고 하는데, 정부 정책이나 법, 규제 때문에 기다리고 있는 회사들이 많아요. 그러니까 정부에서 시행령, 시행 규칙 등으로 정한, 예를 들어 풍력 시장 같은 경우, 입찰 제도, 터빈 구매, 자국산 부품 사용 요건 등에서 모호하고 명확하지 않은 부분을 해소해 달라는 요구가 많아요.

최근 미국이 인플레이션 감축법(IRA: Inflation Reduction Act)를 만들어서,
미국 중심의 공급망 구축을 추진하고 있습니다. 에너지 전환을 위한 재생 에너지,
전기 자동차 배터리 등의 생산도 이런 공급망의 안정성에 영향을 받을 것이고,
더불어 기후변화에 대응한 재생 에너지 자체의 환경적 지속 가능성을
높이기 위한 노력도 필요한 것 같아요.

그래서 저희 회사도 전기 차나 에너지 저장 장치에 들어가는 배터리의 생산 과정을 추적하고 있어요. 즉, 원료의 채굴부터 생산까지 전 과정에서 나오는 온실가스를 추적해서 각 제조사 별로 데이터베이스화해서 내년부터 서비스할 예정이에요.

최근에 새로운 에너지의 대안으로 부상한 수소 에너지[01] 관련해서 수소 법 개정안을 논의하는데, 블루 수소를 청정 수소로 볼 것이냐에 대한 논란이 있었어요. 수소를 쓰는 이유도 결국 이산화탄소를 줄이려는 목적인데, 이산화탄소를 완전히 제거하진 못했지만, 그레이 수소보다 더 친환경적인 블루 수소가 더 효과적이거든요. 그런 관점에서 재생 에너지 아니면 안 된다는 식으로 접근하게 되면 오히려 현재 시점에서 이산화탄소를 줄일 수 있는 걸 줄이지 못하는 결과가 나와요.

01    수소는 화석 연료인 천연가스를 원료로 사용해서 이산화탄소를 배출하는
      그레이 수소(Grey Hydrogen), 그레이 수소와 생산 방식은 같지만 그 과정에서 나오는
      일부 이산화탄소를 따로 포집·저장한 블루 수소(Blue Hydrogen), 재생 에너지 전기로
      물을 분해해서 만들어서 이산화탄소 배출이 전혀 없는 그린 수소(Green Hydrogen)로
      구분된다.

## 좋은 에너지와 나쁜 에너지, 양자택일 아닌 균형 관리 필요

에너지는 지금 당장, 혹은 몇 년 앞만 내다보아서는 안 되는 분야다. 긴 호흡으로 한국의 에너지 100년 대계와 이를 위한 체계적이고 장기적인 로드맵이 있어야 한다. 허윤재 이사는 최종 목표인 탄소 중립 관점에서 수소 에너지를 우리나라 에너지의 핵심이라고 설명한다.

재생 에너지인 태양광 풍력 발전의 생산 단가는 전 세계에서 제일 비싼 편에 속하고 발전 효율은 굉장히 낮은 상황이다. 이런 상황을 보완하려면 여러 에너지원이 적절히 역할 분담을 해야 하는데, 수소가 하나의 대안 솔루션이 될 수 있다는 것이다. 왜냐하면, 기존 LNG 인프라를 활용할 수 있는 부분도 있어서 기존 가스 파이프라인에 수소를 섞어서 활용 가능하다. 과도기적으로 블루 수소를 쓰다가 재생 에너지 발전 단가가 계속 감소해서 그린 수소 생산 단가가 경쟁력을 갖추게 되면 대체하는 방식도 가능하다.

그리고 에너지 저장 관점에서 배터리는 단기적 사용에 적당하지만, 수소는 가을에 저장해 두었다가 에너지 수요가 많은 겨울에 사용할 수 있어 장기적인 솔루션이 가능하다. 또, 탄소를 많이 배출하는 철강 등 산업 쪽에서 수소를 사용해야 탈 탄소화를 달성할 수 있다. 그래서 최근 1, 2년 사이에 우리나라 기업들이 굉장히 적극적으로 수소 에너지 이용을 고려하고 있다.

기후변화 대응을 위해서는 화석 연료, 석탄이나 가스를 쓰지 말아야 하는데, 지금 유럽에서는 가스 부족으로 이산화탄소를 더 많이 배출하는 석탄 사용을 늘려야 하는 경우도 생기는 것 같아요. 에너지의 환경적 측면에서 좋은 에너지, 나쁜 에너지 구분뿐만 아니라 공급 안정성도 중요한 고려 요인인 듯합니다.

한국에서는 특히 에너지 시장이 정치적으로 연결돼서 논란이 많은데, 제 직함이 재생 에너지 분석가가 아니고 에너지 분석가여서 가스, 전력, 기후 솔루션을 포괄하고 있어요. 그래서 LNG, 석탄, 태양광 풍력, 수소 그리고 원전까지 보고 있고, 저희 회사는 중립적 관점으로 분석하고 있어요. 저희와 같이 비슷한 일을 하는 회사들 중에도 특정 분야에 집중해 서비스하는 회사도 있고, 이에 따라 어느 정도의 편향성이 에너지 전망에 들어가게 되지요.

커리어 측면에서 이야기하자면, 에너지 분석이 정치적 편향보다는 독립적이고, 사전에 정해진 선호나 전제보다는 밑에서부터 분석과 모델링을 통해 결론을 도출해야 된다고 생각해요. 에너지 트릴래머(Energy Trilemma)[02]라는 개념이 있는데, 한국의 에너지 문제는 에너지의 안보성, 공평성, 환경 지속 가능성이 균형적으로 관리되지 못하고 있죠. 특히, 향후 재생 에너지 발전이 확대되서 지금과는 다른 에너지별 비율이 된다면 이런 요소들의 균형을 지금부터라도 장기적으로 고민해 봐야 한다는 것이죠.

---

02     에너지 트릴래머는 현재와 미래의 수요를 맞출 수 있는 에너지의 안보성(Security), 안정적으로 적정한 가격에 공급할 수 있는 에너지의 공평성(Equity), 마지막으로 환경과 기후변화에 악영향을 주지 않는 에너지의 환경 지속 가능성 (Environmental Sustainability)의 3가지 요소가 균형적으로 관리되어야 한다.

                     일하는 사람들의 기후변화

우리나라 주변 국가인 중국, 러시아, 일본하고 전력망을 연결하는
'동북아 수퍼그리드'는 한국에 좋은 대안이 될까요?

필요성은 공감하는데, 이 사업은 굉장히 국가 간 정치적인 부분
과 맞물려 있고, 예비 전원용으로 사용한다면 가능하다고 생각
합니다. 하지만 기저 전원으로 사용한다면 에너지 안보 면에서
위험 요소가 있을 듯합니다.

깨끗한 에너지의 공급 측면도 중요하지만 사용 측면에서
에너지 절약도 중요할 것 같은데요.

연료 가격이 시장에 제대로 반영되지 않아서, 에너지의 가격 신
호가 제대로 소비자까지 전달되지 않는 문제가 있고요. 기업 쪽
에서는 최근 3년 동안 산업용 전기 요금이 꽤 올랐고, 향후에도
오를 것이라는 생각 때문에 자체 에너지 수요 관리에 적극 나서
고 있는 상황입니다.

우리나라가 에너지 전환 측면에서 벤치마킹할 만한 다른 나라가 있을 까요?

유럽 국가, 독일 등과 비교를 많이 하는데, 유럽 국가들은 국가
간 전력망이 연계되어 있어서 우리하고 상황이 좀 다른 편입니
다. 우리처럼 독립된 에너지 섬에 제조업이 강한 나라가 그렇게
많지 않기 때문에 우리만의 솔루션을 찾아야 할 것 같아요.

기후변화와 에너지 분석 분야에 관심을 가진 미래 세대에게
해 주고 싶은 조언이 있을까요?

기후변화라고 하면 굉장히 광범위한 분야입니다. 이 분야에 관
심을 갖고 계속 보다 보면, 좀 더 많은 관심이 가는 분야가 생깁

니다. 예를 들어 에너지나 물 분야처럼. 또 이 분야를 일로써 접근한다면 여러 역할이 있을 듯한데, 경제학이든, 법 쪽이든, 공학 쪽이든요. 제 생각에 에너지 분석 일은 확실히 경제학이나 금융 쪽 지식을 가지고 있으면 도움이 많이 될 것 같고, 하나를 더한다면 법률 지식입니다. 에너지가 국가의 정책 분야다 보니 법적 기반을 이해하는 것이 필요하죠. 그리고 소위 말하는 소프트 스킬 쪽은 의사소통 능력 중에서도 영어로 발표하는 능력, 특히 외부에서 공식적으로 프리젠테이션 하는 것 외에 회사 내에서 본인의 일을 핵심적으로 짧지만 명확하게 전달하는 능력이 중요할 듯해요. 지난 1년 동안 본인이 한 일을 단 3분 동안 전 세계 동료들에게 명확하게 전달해야 하는 경우가 생기거든요.

에너지 분석가 시각으로, 이 분야에서 일하고 싶은 분들에게
추천해 주고 싶은 책이 있나요?

저희 회사 부회장이 쓴 『뉴맵(New Map)』입니다. 지금 우크라이나에서 벌어지고 있는 러시아 전쟁으로 기존 화석 연료 에너지에 대한 경쟁뿐 아니라, 재생 에너지로의 전환도 빨라지고 있는데 이런 에너지 상황을 역사적인 관점에서 이해하려면 이 책을 보시면 됩니다.

일하는 사람들의 기후변화

지난 정부의 재생 에너지 확대와 원자력 축소 정책은 2022년 들어 새 정부에 의해 다시 반대로 재생 에너지 보다 원자력의 역할 증대로 설정되었다. 태양광과 풍력을 이용한 재생 에너지 발전은 그 장점과 더불어 그 자체의 환경적 문제와 제한된 국토에 따른 지역주민의 수용성, 전력망의 분산화에 따른 송전선로의 확보, 발전의 비 연속성으로 인한 에너지의 저장 및 그에 따른 투자의 문제 등이 수반된다. 반면, 원자력 발전은 우리가 자립적으로 이용할 수 있는 에너지원이지만, 막대한 투자와 소요기간, 안전성과 원전 폐기물 문제가 어쩔 수 없이 동반된다.

  또한, 최근 급등한 에너지 가격으로 에너지 공기업의 경영에도 적신호가 켜졌을 뿐 아니라, 기업 및 일반 국민의 에너지 요금 지불도 급증하고 있다. 각 경제 주체의 에너지 사용 효율을 높이고 절약하는 것 뿐만 아니라, 에너지 가격이 시장에 연동되어 시의적절하게 반영될 수 있는 독립적이고 유연한 에너지 거버넌스로의 전환을 모색해야 할 시점이다.

  이러한 국내적으로 쌓여가는 에너지 문제를 동북아시아 지역의 에너지 협력을 통해 풀어나갈 방법은 없을까? 현재 유럽 국가들은 유럽연합의 강력한 리더십 아래 우크라이나 전쟁으로 촉발된 에너지 안보 위협과 가격 불안정의 파고를 헤쳐 나가고 있고, 국가간 상호 연결된 전력망을 공동으로 운영해서, 재생 에너지의 변동성 문제에 대처하고 있다.

하지만, 화석연료의 수입을 위해 경쟁하는 동북아시아 주요 3개국인 중국, 일본, 한국은 지역내 에너지 안보나 가격의 안정을 위한 공동의 노력이 없고, 상호 연결된 전력망도 존재하지 않는다. 최근, 몽골 고비사막의 재생 에너지를 개발해서 중국, 한국을 거쳐 일본까지 연결하는 동북아수퍼그리드 사업이 추진되고 있지만, 국가간 신뢰 구축과 협력 거버넌스 형성이 선행되어야 한다.

그럼, 새롭게 부상하는 수소 기반 에너지가 기후 위기 시대 우리에게 맞는 깨끗하고 완벽한 에너지원일까? 한국이 가진 에너지의 외부 의존, 주변국과의 에너지 협력 부재 등 근본 문제에 대한 해결책은 없는 걸까? 소비자 입장에서 에너지를 효율적으로 적게 사용하고, 향후 인상이 불가피한 전기 요금을 얼마만큼 감당할 수 있을까?

에너지는 안보성, 공평성, 환경 지속 가능성의 균형 잡힌 관리가 지속적으로 필요한 분야다. 또한 균형 잡힌 시각과 열린 마음으로 정치 영역에서 이념화한 대상을 우리 생활 안의 주제로 되돌려 에너지 100년 대계의 방향과 속도를 고민해야 하는 시점이다.

S&P Global Commodity Insights 이사
## 허 윤 재

글로벌 에너지 정보기관인 S&P Global Commodity Insights에서 아시아·태평양 지역 에너지 리서치를 담당하고 있다. 국가별 에너지 정책, 전력 수급 및 가격 전망, 에너지원별 LCOE 발전 단가 등에 대한 데이터 분석 및 보고서 작성 업무를 담당하고 있다.

북미, 유럽 등 글로벌 시장에 진출하거나 청정 수소 등 연료 도입을 목표로 하는 국내 에너지 기업, 금융 기관 등을 대상으로 자문업무도 수행 중이다.

P&G 및 블룸버그 홍콩사무소를 거쳐 글로벌녹색성장연구소(GGGI), 컨설팅 기관인 EY한영에서 기후변화 및 에너지 관련 리서치 및 자문 업무를 수행했다. 서울대 농경제사회학부 졸업 후 런던정경대(LSE) 환경 정책 석사를 통해 에너지 시장을 처음 접한 후 에너지 전문가로서 커리어를 밟아가는 중이다.

# 기후 위기와 물,
# 심각해진 세계 물 문제 해답을
# 찾아 나서다

세계물위원회 아시아태평양 국장
**김 윤 진**

**By. 김 정 환**

일하는 사람들의 기후변화

"국제사회 공동번영과 국가의 이익이
서로 조화롭게 추구되어야
물 문제를 해결할 수 있어요."

 세계 주요 문명은 물을 기반으로 강 유역에서 발생하고 성장했
다. 물은 글로벌한 문제이면서 동시에 지역적 문제이고, 너무 많
아도 그리고 부족해도 문제인, 그래서 인류 사회가 지속적이고 전
략적으로 고민해야 하는 장기적인 과제이다. 또한, 최근 심화되고
있는 기후변화로 인해 기존의 물 문제가 더욱 악화되고 있고, 이
로 인한 물 부족으로 난민이 발생하고 식량 부족으로 국가간 분쟁
도 빈번해졌다.
 세계는 매년 3월 22일 세계 물의 날(World Water Day)을 기념
하고 있다. 우리나라는 2015년 대구·경북에서 제7차 세계물포
럼(World Water Forum)을 개최, 물과 녹색 성장(Water and Green
Growth)을 주요 주제 중 하나로 다루었다.
 대구·경북 세계물포럼 유치와 개최 준비부터 한국의 국제적인
물 분야 리더십의 현장에서 지난 10여 년간 중요한 역할을 하고
있는 김윤진 세계물위원회(World Water Council) 아시아·태평양 지
역 담당국장을 만나 기후변화 시대의 변화무쌍한 물의 세계와 미
래에 대해 들어 본다.

## 물은 자원 이상의
## 더 많은 중요 요소를 품고 있다

세계물위원회는 물 관련된 세계적인 네트워크 플랫폼이 필요하다는 인식에서 1996년 설립되었다. 세계물위원회는 1992년 유엔환경개발회의에서 처음 창립제안이 되었으며 물 분야를 전문적이고 조직적으로 접근하기 위한 노력의 산물이라고 할 수 있다. 그 과정에서 프랑스가 주도적인 역할을 하게 되었고, 프랑스 마르세유 시의 재정적, 정치적 지원으로 본부가 설립됐다. 국제법적으로 어떠한 구속력을 가지지는 않지만, 물 관련 이해관계자들이 활동하는 세계에서 가장 큰 네트워크 플랫폼이다.

세계물위원회는 정부만이 의사 결정을 할 수 있다는 인식에서 벗어나 '물 문제와 관련된 모든 이해관계자들이 함께 모이지 않으면 안 된다'는 인식을 가지고 해결점을 찾고 있다. 따라서 다중 이해관계자 (Multi-stakeholder) 플랫폼 안에, 여러 구성원 그룹인 국제기구, 정부, 지방 자치 단체, 민간 기업, NGO 그리고, 청년과 여성 등이 참여하고 있다.

물은 인간이 이용하는 하나의 자원 그 이상의 가치를 가지며 이는 물 분야 내에서 뿐 아닌 물을 필요로 존재하는 거의 대부분의 분야에 연결되는 요소로 작용하기 때문에 이를 알리는 것이 세계물위원회의 주요기능이다. 그래서 '물은 정치다(Water is Politics)'라고 표현하는데,

정치라고 하면 여러 다른 정의가 있을 수 있지만, 정부뿐 아니라 여러 이해관계자들이 모인 플랫폼 안의 관계 중심에는 항상 물이 있고, 이를 바탕으로 여러 가지 해석이 나올 수 있다.

**한국에 새로 설립된 아시아 지역 사무소의 운영 준비로 바쁘시다고 들었습니다.**

네, 세계물위원회 아시아·태평양 지역 사무소가 한국 서울에 만들어져서, 기존 한중일 중심 사업을 인도와 동남아시아로 확대해서 회원을 확대할 계획을 가지고 있어요. 그래서 첫 번째로 우리나라뿐 아니라 아시아의 지방 자치 단체나 지방 도시들이 가지고 있는 물 문제나 관심사를 어떻게 정책적으로 해결할 수 있을지 보고 있습니다.

**그럼 아시아·태평양 지역 담당 매니저로서 하시는 일은 구체적으로 무엇인가요?**

지금까지 유럽 중심으로 운영되던 세계물위원회 사업을 아시아·태평양 지역으로 확대해서 이 지역의 물 문제 인식 제고와 관련 이해관계자들의 목소리를 본부로 전달해 줄 수 있는 채널 역할을 하고 있어요. 지금까지 부족했던 아시아 쪽 물 이슈를 좀 더 전문적으로 다루는 것이 첫 번째 목적입니다. 이를 통해 좀 더 많은 지역 이해관계자들을 저희 멤버로 유치할 계획을 가지고 있어요. 두 번째는 세계물위원회의 가장 큰 물 분야의 회의로 3년에 한 번씩 개최되는 세계물포럼(World Water Forum)이 2024년에 인도네시아 발리에서 개최되는데 이를 위한 코디네이션 일도 하고 있어요.

세계물위원회의 기본적인 멤버들인, 국제기구, 정부부처, 지방자
치단체, 학계, 기업, 시민단체 등을 만나는데, 실제로 아직은 정
부 쪽에서 참여해야 하는 분야가 많아서 정부 쪽이 많은 비중을
차지하고 있어요. 그리고 국제 사회의 여러 이해관계자와 소통
하다 보면, 물이라는 주제를 어떻게 바라보고 표현하고 의사 결
정하게 되는지 좀 더 이해하게 되는 에피소드가 생기는데요. 예
를 들면, 일본이나 네덜란드 같은 국가가 대표적인 케이스인데,
이 두 나라는 아시아와 유럽에서 물에 관해 전략적으로 국제 관
계를 잘 설정해 놓은 국가입니다. 다시 말해서, 국가이익에도 충
실하면서 국제사회의 책임 있는 당사자로서 균형을 아주 잘 맞
추고 활동하고 있어요. 제 생각에는 정부주도의 국제관계 활동
에서 가장 중요한 가치는 '지구촌 공동 번영'과 '국가의 이익'이
서로 조화롭게 같이 추구되어야 하고, 이런 균형이 선진 국가로
나아가는 척도가 될 수 있을 것 같아요.

일본이나 네덜란드 외 다른 케이스로는 어떤 게 있나요?

싱가포르도 굉장히 전략적이고, 실리적으로 수행까지 완성도 있
게 해나가는 국가입니다. 자체적인 물 부족 문제를 스스로 해결
하고, 주변 국가와 어떻게 협력 관계 맺음을 할지 체계를 잘 잡
아 놓은 곳이에요. 해수 담수화, 물 재생, 수처리 기술 등으로 물
부족 문제를 자체 기술력으로 극복하는 것에 초점을 맞추고 관
련 기술과 정보를 교류할 수 있는 국제 협력 플랫폼을 만들어서
차별화하는 전략을 만들었고, 물 산업에 초점을 맞춘 싱가포르

국제 물 주간(Singapore International Water Week)이라는 행사를 격년으로 열고 있어요. 이를 통해 물 관련 프로젝트의 수주나 계약 등을 주요 성과 지표로 삼는 특징이 있어요.

세계물위원회가 프랑스의 지원으로 만들어졌고, 본부가 프랑스에 있다 보니, 특색 있는 조직 문화가 있을 것 같습니다.

꼭 프랑스가 아니더라도 유럽 쪽 조직 문화의 특색이 있긴 합니다. 제가 느끼기엔 한국의 빨리빨리식 업무 처리 문화는 없는 것 같아요. 숙성한다고 할까요, 정확히 어떤 결과를 얻기 위해서, 그리고 적절한 결과물이 나오지 않았을 때는 그 결과물을 만들기 위해 오히려 조금 일정을 늦추는 방식, 이런 게 제가 가장 크게 느끼는 차이점이라고 생각해요.

# 기후 위기 시대,
## 한국은 물 부족 국가인가?

우리나라는 상하수도 등 물 관리나 위생 측면에서 보면 잘하고 있지만 가상수(Virtual Water: 제품을 생산하는 과정에서 사용한 물) 개념에서 물 부족 국가로 보는 견해도 있다. 한편에서는 가상수 개념을 적용하지 않더라도 실제로 물 부족 국가라고 주장하기도 한다.

우리나라는 연간 강수량은 세계 평균보다 높지만 국토 면적이 좁고 인구밀도가 높고 강수량은 여름에 집중되어 있어 실제 이용가능한 수자원이 부족하다. 특히 우리나라 국토 특성인 급경사로 이루어진 산지와 여름철 집중되어 있는 강수량으로 높은 수준의 수자원 관리를 자랑함에도 많은 양이 바다로 흘러간다. 이에 실제 가용수가 세계 평균에 크게 못미치는 수준이다. 하지만 우리나라 국민들은 우수하게 관리되고 있는 취수시설과 가뭄시 국민들의 생활에 가장 마지막에 영향을 주도록 설정된 수자원 관리 체계로 물 부족에 대한 체감은 더욱 느끼기 어렵다. (가뭄시 환경용수, 농업용수, 생활용수, 공업용수 순으로 공급을 줄여나감) 이렇듯 물 관리에 대한 기술과 정책이 국민생활중심으로 발전하고 있지만 물 부족에 대한 체감을 하기 어려운 상황에서 우리나라 1인당 물 소비량은 지속적으로 늘어나고 있기 때문에 향후 더욱 물 부족을 겪게될 나라로 분류되기도 한다.

우리나라는 과거, 국토교통부가 수량, 그리고 환경부가 수질을 담당하는 큰 틀에서 이원화됐다면, 2018년부터 물 관리가 환경부로 일원화되고, 국가물관리위원회라는 새로운 거버넌스 체계를 만들어서 정부와 민간 전문가가 함께 참여해서 의사 결정을 할 수 있게 됐다. 더불어 물 관련 공공 기관과 공기업, 예를 들어 수자원 공사(K-Water)가 수자원 인프라를 관리하고, 환경 공단이 하수처리 등을 담당하고, 환경 연구원 같은 국책 연구기관이 물 관련 연구를 하고 있다.

실제로 우리나라에서 물 시장과 관련한 인프라나 수처리 사업은 사실상 포화됐다고 보아도 되는 상황이고 지속적인 관리가 가능한 수준에 와 있기 때문에 이제는 해외진출을 위한 차별화 전략을 만들어야하며 이는 ICT, AI 등을 접목한 스마트 워터그리드(Smart Water Grid)개념을 활용한 스마트 통합 물 관리 등의 물 관리 전 순환과정체계를 설계, 관리하는 기술, 정책을 개도국에 이전, 전수하는 방법 등으로 계획되고 있다. 향후 이런 기본적인 체계와 해외 진출 방안 등을 고민해서 정부가 민간 기업 지원을 도모하고 있는 상황이다.

국내 주요 이해관계자들, 환경부와 산하 공공 기관,
그리고 지방 자치 단체 등의 물 관련 국제 협력 활동은 어떤가요?

환경부는 기존에 기후변화 대응의 일환으로 물 문제를 다루고 있었고, 국내 물 산업의 해외 진출 지원 업무를 하고 있어요. 물 관련해서 외교적이고 정책적인, 혹은 정치적인 영향력을 증진시키기 위한 전략적인 활동은 좀 더 기획해야 할 필요가 있습니다. 그리고 국제 원조 사업, ODA 프로젝트 사업의 사전이나 후

속 활동에 수반되는 네트워킹 형성이나 협력 파트너십 구축 위주로의 사업도 진행되고 있어요. 그 외, 유엔 기구인 유네스코와 같은 국제기구와 수자원 기술 분야가 아니더라도 교육이나 역량 강화 분야의 ODA 사업을 물 분야에서 최대한 지원해서 추진하고 있어요. 유네스코 물 안보 국제 연구 교육센터(UNESCO i-WSSM)를 한국에 유치해서 관련 협력 활동도 수행하고 있어요. 개발도상국과의 양자 관계뿐 아니라, 세계은행 등 다자 개발 기구 등과 협력하거나, 기후 대응 기금 사업의 일환으로 기후변화 대응 물 관련 R&D 센터 설립 등의 일도 하고 있는 것으로 알고 있어요. 또, 한-메콩 물 관리 연구센터도 설립하는 등 여러 협력 채널을 만들어서 국제 협력 활동의 저변을 확대하고 있어요.

이러한 다양한 국제 협력 활동의 목적을 달성하기 위해 필요한 것은 무엇일까요?

국제 협력은 각자의 목표를 가지고 만나서, 공동의 목표를 만들어 내고, 그 공동의 목표에 각자가 기여하지 않으면 각각의 목표도 달성하지 못합니다. 이 원칙을 아주 견고하게 유지해야 다른 국가의 이해관계자들의 지속적인 참여와 기여를 이끌어 낼 수 있을 것 같아요.

기후변화 때문에 홍수나 가뭄 같은 물 관련 극한 재해가 발생하면 기존의 관리체계가 무너지게 될 텐데, 그럼 한국도 기후변화로 심화된 물 문제에 직면할 수 있을 텐데요.

네, 기후변화로 인한 물 관련 재해 등은 예측이 불가능해진 상황으로 가장 위험요소가 커진 부문이라고 볼 수 있습니다. 불확실성이 커졌다는건 그만큼 종전과 같은 체계로 관리할 수 없어졌다는 뜻이고, 따라서 우리나라의 물 관리가 전반적으로 더욱 어려워질 수 있다는 뜻이에요. 따라서 국가 방재 차원의 재해요소 관리 및 위험 방지 체계를 갖추는 것이 매우 중요해졌어요. 물과 관련된 재해가 많다고 보기 어려웠던 우리나라이지만 기후변화로 인한 불확실성의 증가로 예측하지 못했던 홍수나 가뭄은 재해 관리 차원 외에도 연쇄적으로 직접 영향을 받는 식량, 에너지, 환경 부문의 타격을 줍니다. 특히 이러한 재해는 도시 설계 및 재해 방지 시설, 대응 체계 등을 근원적으로 변경해야하는 경우가 있기 때문에 국정 우선과제로 다루어져야할 만큼 중요해졌다고 할 수 있어요.

**세계적인 물 관련 기업에는 어떤 기업들이 있나요?**

수에즈, 베올리아 같은 프랑스 기업이 전 세계를 리드하는 물 관련 기업이라고 할 수 있고요, 그 이외에 네덜란드, 덴마크 등 유럽계 기업들이 선두권에 있어요.

## 물은 인권의 문제이고
## 그래서 정치적이고 국제적이다

식량을 생산하기 위해 에너지와 농업용수가 필요하고, 에너지를 생산하기 위해 화력 발전소를 가동하거나 수력 발전을 하거나, 자원의 채굴 과정에도 물이 필요하다. 반대로 생활용수의 사용을 위한 물의 취수, 운반, 정수, 최종적으로 하수처리에는 에너지가 필요하다. 이렇게 물-에너지-식량(Water-Energy-Food)의 상호 연관성(Nexus)을 통합적으로 분석하여, 상호 상승효과(시너지)와 대립 균형(트레이드오프)를 고려하여 물, 에너지, 식량 문제를 통합적으로 바라볼 필요가 있다.

탄소 발자국(Carbon Footprint)과 비슷한 개념으로 물 발자국(Water Footprint)라는 개념이 있다. 제품 생산 과정에서 발생하는 탄소와 같이, 하나의 제품을 만드는 과정, 즉 원재료 취득, 가공, 최종 생산품이 나올 때까지 물이 얼마나 사용되는지 측정해서, 그것을 최대한 줄일 수 있는 방안을 찾기 위해 물 발자국 개념이 만들어졌다.

물과 기후변화의 관계에 대해 크게 인식하지 못하는 경우가 있지만, 실제로 물 부족이 심각한 지역에서는 기후변화로 물 부족 문제가 급격하게 심화되고 있고, 이로 인해 사막화도 빠르게 진행되고 있다. 자원으로서 물 부족, 그리고 사용할 수 있는 물의 위생 문제, 물 관련 재해 문제들이 기후변화와 아주 가까이 맞닿아 있는 것이다.

물은 모든 영역에서 기본적인 요소이고, 이런 개념이 사람에게도 적

일하는 사람들의 기후변화

용된다. 인체가 대부분 물로 이루어져 있기도 하고, 실제 사람 몸을 유지하고 삶을 영위하기 위해 필요한 모든 것에 물이 필요하기 때문에 생존권과 연관되어 있다는 점이 1차적으로 인권과 관련 있다. 그리고 그 안에 여러 가지 문제가 복합적으로 들어가 있다.

예를 들어, 여성·남성의 젠더 문제가 인권의 중요한 이슈 중 하나인데, 아프리카 등 개발도상국에서는 많은 경우 여성들이 필요한 물을 구하기 위한 노동력을 쓰기 때문에, 물 이슈가 젠더의 인권 이슈와도 연결되어 있다. 그리고 아이들이 위생적인 물을 먹지 못하는 그런 환경까지 생각하면 아동의 인권과 교육과도 관련이 있다.

물 분야 전문가들 사이에서 물에 대한 기후변화의 영향을
어느 정도의 위험으로 판단하고 있나요?

기후변화가 홍수나 가뭄 등 물 이용에 대한 변화를 초래하겠지만, 반대로 물이 기후변화에 대응하는 것의 가장 핵심에 있다고 볼 수도 있어요. 즉, 기후변화의 영향을 가장 크게 받는 영역이기 때문에, 물을 어떻게 활용하고 관리하느냐에 따라서 기후변화를 완화하거나 적응력을 높이기 위해 필요한 하나의 중요한 수단으로 보는 거죠.

물의 상태로 우리가 기후변화에 얼마만큼 잘 대처하고 있는지
볼 수 있다는 관점이네요. 물을 하나의 바로미터로 보고 얼마만큼 잘
현재 상태를 유지하느냐를 판단의 기준으로 삼을 수 있을 듯하네요.

조금 무리가 있다고 볼 수도 있지만 가능할 것 같아요. 물을 얼

마나 잘 관리하고 있는지의 척도는 물을 사용하는 국민들이 가용하는 물의 양이 충분하고 질에 만족하는 것에서 느낄 수 있을 텐데요. 이러한 기본적인 개념을 벗어나 물 관리가 기후 위기 대응의 척도가 되려면 우리 생활의 전면을 아우르는 개념인 가상수 개념을 적용해보는 것도 좋을 것 같아요. 생활의 모든 영역 안의 요소와 과정에 물이 필요하기 때문에 가상수 지표를 활용해 기후 위기대응의 정도를 실생활에서 알아볼 수 있을 것 같아요. 그런 차원에서 물은 모든 전 영역에서 우리가 필요로 하는 필수 요소로 기능한다고 봐야 해요.

지금 우리가 겪고 있는 경제 위기, 인플레이션도 전 세계의 다양한 요인, 예를 들어 러시아의 우크라이나 침공으로 인한 식량, 에너지 공급 문제와 가격 상승 등과 같이 여러 구성원들이 가진 복합적 요인이 상호작용해서 나타나게 되는 것 같아요.

실제로 저희는 그 모든 문제를 포괄할 수 있는 하나의 상위 개념으로 물의 역할을 보고 있어요. 기후변화, 탄소 중립과 관련해서 물은 에너지, 식량, 생태, 환경과의 밀접한 상호 연관성 (NEXUS)을 가지고 있고 각 부문내, 부문간 순환체계는 특히 '물'이라는 요소가 적정하게 공급, 관리 되지 않으면 가동되지 않게되죠.

물이 상위 차원에서 정치적인 요소가 있고, 인권, 젠더 등과도 관련 있는데, 유엔의 17개 지속 가능 발전 목표(SDGs: Sustainable Development Goals) 중 하나에도 나와있죠?

명시적으로는 6번째에 깨끗한 물과 위생(Clean Water and Sanitation)으로 나왔는데, 나머지 목표들도 물과 밀접하게 연관

일하는 사람들의 기후변화

되어 있어요. 예를 들어, 기후변화 목표나 에너지 목표를 달성하기 위해서도 물이 중요한 역할을 할 수 있어요. 바다나 호수에 설치하는 수상 태양광 발전이나, 해수나 하천수에 저장된 수열에너지를 사용해서 냉·난방용으로 사용할 수 있어요. 산업 면에서도 반도체 공정에는 초순수라는 물이 필요하고, 많은 데이터를 저장하는 인터넷 데이터센터의 냉각에도 물이 사용되기도 하죠. 또한 지속 가능한 도시 목표에도 물은 핵심요소라고 보고있습니다. 도시 설계 시 지속 가능성은 물의 공급망과 수자원 관리 체계, 물환경 관리를 핵심으로 보기 때문이에요.

생활용수, 농업용수뿐 아니라, 산업용수도 경제 성장에 필수적으로 고려해야 하는 부분이네요. 그럼, 최근 ICT나 AI를 활용한 물 관리, 스마트 워터그리드는 어떤 개념인가요?

여러 관점에서 볼 수 있는데, 공학적인 면에서 보면 스마트 물 관리라는 것이 실시간 관리를 통해 사용자의 필요에 따라 처리되는 물이 어떻게 사용되는지를 확인할 수 있는 시스템과 통신망을 갖추는 것이죠. ICT 기술을 통해 상호 양방향 통신도 가능해서 물이 잘못 처리되거나 누수가 발생하는 문제를 빨리 찾아내서 해결할 수 있어요. 빅데이터활용은 데이터관리가 핵심인 스마트 물 관리에 핵심기술로 활용되고 있으며 이는 효율적 데이터 관리와 정보취합 및 데이터 통합, 표준화 등에 큰 기여를 하고 있습니다.

그리고 거버넌스라는 관리적 관점에서 스마트 통합 물 관리를 보면, 수자원을 관리하고, 실제 물이 필요한 사용자에게까지 전달되는 전체 과정을 거버넌스 체계로 이해하여 물에 관한 이해

당사자, 즉, 물의 최종소비자인 시민, 지방자치단체, 국가기관, 물관련 공기업이 함께 참여하고 구축하여 운영되어야 한다는 차원의 개념이라고 할 수 있습니다.

장기적 관점에서 체계적으로 계획하고 실행해 나가야 하는 면에서
기후변화와 물 분야가 어느 정도 일맥상통하는 것 같습니다.
우리나라 경우, 장기적인 물 관련 계획이나 정책이 있나요?

2018년 이전에는 국토부, 환경부, 농림부 등으로 나누어져 있던 물 혹은 수자원관리 정책이 2018년 환경부 중심으로 물 관리를 일원화 한 후 여러 부처가 공통의 목표 아래 물 관리를 할 수 있도록 물 관리 기본법을 제정해서 물 관리 기본 원칙을 발표했어요. 국가물관리위원회와 4개의 유역물관리위원회를 설치해서 주요 물 관리 사항을 결정하게 되는 새로운 체계를 명시하고 있기도 하죠. 그 하위 실행계획은 국가 물 관리 기본계획을 수립해서 구체화 시키고 있습니다. 산업적인 면을 보면 빠르게 변화하는 다른 산업과 비교해서 물 산업의 사이클은 비교적 느리게 변하기 때문에, 한번 체계가 정해지면 그것을 변경하는데 굉장히 많은 노력이 필요한 성격이 있어요. 물이 공공재라는 특성을 가지고 있기 때문이기도 하지요.

일하는 사람들의 기후변화

## 협의하고 조정하는 과정,
## 결과를 의미 있게 만드는 시간

과거로부터, 치수, 즉, 물을 다스리는 능력이 곧 국력이라는 명제는 21세기 현재까지 유효한 듯하다.

우리가 일상생활에서 사용하는 물, 그리고, 농업과 산업에 필수적인 물 등 우리의 강을 통해 공급되는 물은 언제나 그대로인 듯하다. 한때 국가적 사업으로 추진되었던 4대강 정비 사업은 그 실질적 효과에 대한 논의보다 정치적 논란으로 번졌고, 투입된 우리의 에너지에 비해 앞으로 대한민국의 물 관리의 좋은 표본이 되지 못하고 있다.

물은 또한 정치적이다(Water is Politics). 결과만큼이나 과정을 통해 만들어지는 정당성도 중요하다. 그리고 우리가 축적해야 하는 경험의 표본이기도 하다.

지금까지 전공으로 공부해 오셨던 것과 기존에 계셨던
한국물포럼, 한국수자원공사에서의 경험이 어떻게 연결돼서 활용되고 있나요?

저는 학부와 대학원에서 국제정치학을 전공했는데, 정치학의 한 분야입니다. 학부 마지막 학기에 인턴으로 미국 워싱턴DC에 있는 VOA(Voice of America), 미국의 소리에서 안보(Security) 이슈를 다루는 뉴스 부문에서 일하게 됐고, 그러면서 전통적인 안보 이슈, 군사나 테러리즘 분야에 관심을 가지고 대학원에 진학했습니다.

국제정치를 두 가지 대표적인 이론으로 보자면 현실주의와 자유
주의로 나눌 수 있어요. 저는 현실주의 쪽이어서 국제정치는 국가
의 힘(Power)으로 이해해야하며 정부가 아니면 어떤 결정과 변화
도 일어나지 않는다는 생각을 가지고 있었어요. 그러던 중에, 세
계물포럼의 한국 유치과정에 참여할 기회가 있었고, 그때 정부가
개입하거나 리더십을 갖고 있지 않으면 어떤 변화도 있을 수 없을
것이라는 제 생각과 조금 다른 방식으로 일하는 세계물위원회라
는 곳을 알게 됐어요.

물론, 비정부기구의 역할에 따른 실질적인 변화가 얼마나 있느
냐라는 질문에는 여전히 애매한 답변을 할 수 밖에 없지만 의식
의 변화라는것이 매우 중요하다는 차원에서는 세계물위원회가
의식변화를 위한 차별화된 역할을 하고 있다고 봅니다. 정부를
포함한 다양한 이해관계자가 모이고, 결과만큼 과정을 중요하
게 생각하는 개념이 국제정치를 좌우하는 여러가지 요소를 다시
정리해 볼 수 있는 계기를 제공해 주었고, 그래서 이 일이 매우
매력적으로 다가와 일하기 시작했습니다. 여러 해 일하고 있지
만 매일 매일의 대화와 결정에서 현실주의와 자유주의의 요소가
공존한다고 보이기 때문에 물 분야의 국제정치의 중심체에 대한
검증은 아직 진행중입니다. 그래서 한국 조직인 한국물포럼, 수
자원 공사를 거쳐, 저의 전공인 국제 관계 관점에서 좀 더 다양
한 이해관계자의 목소리를 들을 수 있고, 행위자들의 각각의 이
해관계 및 관심사항에 대한 분석을 하면서 관계를 조율하고 협
의해가는 과정을 만들어가는 일을 할 수 있는 곳인 현재의 세계
물위원회로 자연스럽게 이동할 수 있었던 것 같아요.

일하는 사람들의 기후변화

물이라는 분야를 다루는 다양한 행위자(Actor)가 있고, 물의 세부 분야는 물론 물과 관련된 타 분야간의 소통이 매우 중요해졌기 때문에 어찌 보면 상관없어 보이는 단편적인 여러 사실들이 연결되는 지점을 어떻게 체계적으로 만들어나갈 것인가, 물을 구체화 시키는 세부 분야들과 물이 사용되는 타 분야간의 접목되는 부분의 커뮤니케이터가 필요하게 될 것이라고 봅니다. 수자원이나 환경을 전공한 사람들 뿐 아닌 공공정책 및 법, 정치, 경제, 사회를 전공한 사람들이 물을 다루는 다양한 분야에 곳곳이 배치되어야 수자원 기술과 물 정책 개발에도 힘을 실어줄 수 있습니다. 즉, 개발(Development) 중심으로 보았던 물 분야가 이제는 국가 지속가능발전의 핵심요소로서 자리하면서 보다 통합적으로 이해되어야 하기 때문에 물과 관련된 커리어는 지금까지와는 전혀 다른 다양하고 전문적인 직업군으로 나누어질 것으로 보입니다. 예를 들어 기후 위기 물 관리 거버넌스 전문가, 물 분쟁 협상전문가, 물과 위생 교육전문가 등이 있을 수 있을 것이고 이는 학계나 공공기관 뿐 아니라 국제기구 및 글로벌 기업 등에서도 중요도가 높아지는 직군이라고 알고 있습니다. 전통적인 토목, 환경공학 전공의 물 분야 전문가들에서 범위가 훨씬 넓어졌다고 할 수 있죠. 그러면서 새로운 분야와 인력이 필요해지는 것 같아요.

물 관련 국제기구에서 필요한 인력은 또 어떤 게 있나요?

개발도상국을 위해 일하는 다자간 개발 은행 같은 곳에서는 다른 관점에서 필요한 전문가들이 있는데요, 각국의 수자원을 개발하기 위한 금융 조달, 투자 부문을 다루는 전문가들이 있습니다. 또 국가 간에 물 분쟁이 생각보다 많은데, 예를 들어 동남아 메콩강은 여러 나라에 걸쳐 흐르는 강이다 보니 이때 생겨나는 복잡한 물 사용 문제를 정치적, 정책적으로 다루는 전문가들도 필요해요. 에티오피아가 나일강 상류에 댐을 짓는 문제 때문에 이집트와 분쟁이 있는 경우가 그러한 예죠.

국제정치나 공학 등을 공부하는 다음 세대가 글로벌한 관점에서,
또는 국가나 지역적 관점에서 실질적으로 물 문제를 다루고 싶다면
어떤 준비를 해야 할까요?

제 경험으로는 관련된 경험을 어떤 방식으로든 한번 해 보는 것이 가장 중요할 것 같아요. 그래야 이 일이 본인에게 잘 맞는지 알 수 있을 것 같다는 생각이 들어요. 수많은 물 관련 직업 중에서 키워드 하나만 꼽으라면, 저는 사실, 코디네이션(Coordination), 조정을 하는 직업이에요. 그게 어떤 절차 시스템 안에서 각 단계를 조정한다든지, 아니면 다양한 의견이 있는데 그것을 하나의 통합된 의제로 만든다든지 하는 조정이죠.

코디네이션, 조정 업무에 필요한 스킬, 능력은 어떤 게 있을까요?

제 경험뿐만 아니고, 제가 배우고 싶은 국제 협력 커뮤니티 안에서 경력이 많으신 분들이 가지고 있는 소양들을 종합적으로 생각해 보면, 가장 중요한 것은 여전히 의사소통, 커뮤니케이션 능력인 것 같습니다.

이 커뮤니케이션 능력이 어떤 차원에서 필요하냐 하면 첫 번째는

일하는 사람들의 기후변화

공감대 형성, 이게 좀 추상적으로 느껴질 수 있는데 상대방 마음을 잘 이해해야 한다는 차원을 넘어 상대방이 가지고 있는 물 이슈나 아니면 지금 이 회의에서 무엇을 얻고자 하는지에 대해 치밀한 사전 준비를 한 후에 커뮤니케이션하는 것이 중요한 요소가 되는 것 같아요. 그래서 이런 공감대 형성이 빠르면 빠를수록 그 회의가 잘 진행이 되고 결과도 잘 나옵니다. 예를 들면, 여러 이해관계자가 한 회의에 모였을 때 각 기관의 속성과 참석 목적을 정확히 파악하고, 참석한 사람의 전문성 등을 사전에 조사하고 분석하는 것이 가장 중요한 준비능력이라고 생각됩니다.

두 번째로는, 이런 국제 관계 일의 속성이 현재 진행형인 트렌드를 같이 만들어 가는 사람들끼리 대화하는 것이기 때문에, 그런 차원에서 직접적인 물 분야뿐만 아니라 기후변화, 농업, 생태 환경 등 관련된 여러 분야에서 현재 진행되는 이슈를 대략적으로라도 계속해서 파악하고 트렌드를 공유하는 것이 공감대 형성에 도움이 되는 중요한 요소 같아요.

마지막으로는, 저는 과정을 만들어 가는 사람이다 보니까, 가시적인 결과나 숫자를 만들어 내는 것이 아니어서 과정 안에서 얼마나 진정성 있게 그 과정을 조율하고 합의를 만들어 내느냐를 중요시합니다. 그냥 짜 맞추기 위한 과정이 아닌, 결과를 더 의미 있게 만들기 위한 과정으로서 존재할 수 있도록 하는 것이 중요하다고 생각해요. 그 과정에서 제가 하는 일에 더 큰 존재감과 자부심을 느낄 수 있는 것 같아요.

안드리 스나이르 마그나손의 『시간과 물에 대하여(When is someone still alive that you will love?)』입니다.

저자 안드리 마그나손은 2021년, P4G 정상회의를 개최하던 당시 '물' 기본 세션을 기획, 운영하면서 기후 위기 대응을 위한 물의 중요성에 대해 영감을 줄 수 있는 연사를 섭외하고자 하던 중 알게 된 작가입니다. 그와 몇 차례 이메일을 주고받으며 나눈 대화는 제게도 큰 깨달음을 주었어요.

이 책은 "당신이 사랑하게 될 그 누군가가 살게 될 시기는 언제일까요?", "당신의 증손녀가 94세가 되는 때는 언제일까요?"라는 생소한 화두로 시간과 물, 그리고 기후변화의 관계를 설명한 책입니다.

향후 100년 이내 지구상에 있는 모든 물의 요소들의 균형이 깨질 것으로 예상하며, 해수면이 상승하고, 빙하가 깨지고 해양의 pH가 완전히 다른 수준으로 상승하고 강우 강설, 가뭄, 태풍 등 모든 기상 변화는 우리가 상상할 수 없는 수준으로 변할 것이라는 설명은 기후변화를 다루는 다양한 분야의 모든 사람에게 익숙한 이야기로 들릴 수 있습니다.

하지만 안드리 마그나손은 데이터와 지표가 아닌 언어로도 표현하기 어려운 위기감과 긴장감을 '시간'의 개념을 접목시켜 물의 중요성과 기후변화 대응의 중요성에 대해 강조했어요.

작가 자신이 겪은 조부모님의 아이슬란드 빙하탐험 이야기를 시작으로 그때 그 빙하가 곧 모두 녹아 없어진다는 설명을 하며, 실생활에서 우리가 느끼는 지리적인 속도와 인간의 삶의 속도를 연결시켜 기후 위기와 물의 변화를 체감하게 해줍니다.

지금 대학생들에게 2160이라는 시기는 멀게 느껴질 수 있으나 본인이 존재하지 않더라도 그들이 사랑하는 또는 사랑하게 될 사람들, 즉 자손이 살게 될 시간이에요. 우리가 사랑하게 될 손자가 살게 될 그 시기에 일어날 모든 일은 지금 우리가 무엇을 어떻게 결정하느냐에 달려있다는 것을 잘 설명하고 있어요.

한 사람이 영향을 미칠 수 있는 시간은 그 사람의 일생이 아니라 조부모로부터 우리의 손자가 살아가는 시기이며, 우리는 지금 미래와의 관계를 근본적으로 바꾸어야 하는 시기에 직면해있다는 이야기예요.

이러한 근본적인 관계의 변화 속에 기후 위기와 물은 우리가 사랑하게 될 사람들이 직접적으로 가장 큰 영향을 받게 되는 환경이자 사회이고, 삶 그 자체라는 것에 대해 인식의 전환을 가져다주는 책입니다.

2024년 인도네시아에서 세계물포럼이 열린다고 들었는데,
아시아에서 열리는 이번 포럼의 중점 의논 사항이나 특징은 어떤 것이 있을까요?

내년 5월 인도네시아 발리에서 열리는 세계물포럼은 전 세계 물 이슈 중, 해결해야 하는 우선순위 물 문제를 다루는 '주제별 과정'과 지역적 특색에 따른 지역의 우선순위 물 이슈를 다루는 '지역별 과정', 그리고 정책 및 국가 주요의제에 대한 의사결정 주체별 해결책 이행을 촉구하는 '정치적 과정', 이렇게 크게 세 가지 부문으로 운영될 예정이에요. '공동의 번영을 위한 물(Water for Shared Prosperity)'이라는 주제 하에 전 포럼 과정이 준비되고 있어요. 주제별 과정에는 6개의 중주제인 1) 인간과 자연을 위한 물, 2) 물 안보와 번영, 3) 재해 위험 저감 및 관리, 4) 협력 및 수자원

외교, 5) 혁신적 파이낸싱. 6) 지식과 혁신이 있고 이를 구체화 시켜가는 과정이 얼마 전 자카르타 착수회의를 통해 시작되었습니다. 이 중 특히 3) 재해 위험 저감 및 관리 주제는 기후변화로 인해 증가된 예측 불가능한 재해 및 위험요소들에 대해 취약한 아시아권의 여러 나라들이 특히 중점적으로 논의하고 싶어하는 부문이 될 예정이에요. 그 외에도 물-식량-에너지 넥서스 체계와 연결한 물 분야 탄소 중립 방향성과 방법론을 다루게 될 2) 물 안보 번영, 6) 지식과 혁신 주제에서도 기후 위기 대응책을 위한 다양한 물 분야 해결책이 논의될 예정이고요. 선언을 넘어 손에 잡히는 물 문제 해결책을 도출하기 위해 전 세계 물 분야 전문가들이 머리를 맞대고 노력하고 있어요.

앞으로 30년쯤 후 우리 주변의 물은 희망적으로,
아니면 절망적인 문제로 다가올까요?

30년 후를 예측하기엔 경험과 지식이 아직 많이 부족합니다. 하지만 희망적이라고 대답하고 싶네요. 전보다 물에 대해 더 이해하려고 하고 인간만을 위한 물이 아닌 인간과 자연 이 모두를 고려한 물에 대해 고민하는 사람들이 점점 많아지고 있으니까요.

일하는 사람들의 기후변화

세계물위원회 아시아태평양 국장

# 김윤진

세계물위원회(World Water Council) 아시아·태평양 지역 국장으로 일하고 있고, 동시에 국제수자원협회(IWRA) 총회 국제운영위원회 위원, 유네스코 IHP 한국 위원회 위원 및 한-메콩 물 관리 공동 연구센터 전문위원으로도 활동하고 있다. 이전에는 한국물포럼 사무국장과 한국수자원공사 선임연구원으로 물 분야 경험을 쌓아 왔다.

국제 협력 분야에서 경력을 쌓은 프로그램 매니저로서 국제 관계, 시장 조사, 관리, 정책 분석 및 커뮤니케이션을 전문 분야로 지속 가능한 물 관리를 위한 거버넌스와 역량 개발을 위한 지역 차원의 조정에 관심을 가지고 있다. 고려대학교에서 국제 평화와 안보 전공으로 석사학위를 받았다.

# 글로벌 기후 리더십을 통해,
# 기후변화 협력을
# 증진한다

주한 영국 대사관 선임기후에너지담당관
**강 해 나**

**By. 김 정 환**

*"Thought Leadership"*
미래 의제(Agenda)를 주도하는 지적 리더십의 축적,
이것이 영국이 전 세계의 기후변화 행동을 선도하는 핵심이다.

과거 석탄을 이용한 증기 기관을 통한 산업혁명으로 세계적인 산업 국가가 되었던 영국이, 이제 더 이상 석탄 발전 없이도 전력을 생산할 수 있는 단계에 도달하고, 전 세계 기후변화 대응에서 선도적인 역할을 하고 있다.

2021년 코로나 팬데믹임에도 영국 글라스고에서 열린 UN 기후변화회의에는 각국에서 가장 많은 대표단이 참여했고, 기후변화가 어느 한 선도 국가나 선진국들이 해결해야 하는 문제가 아니라 전 세계 모든 국가가, 국가 단위를 넘어 협력해야 하는 초국가적 과제가 되었음을 다시 한번 입증했다.

이러한 글로벌 기후변화의 최전선 현장에서 영국이 UN 기후변화회의의 의장국으로서 글로벌 기후 리더십을 발휘하는 과정에 글로벌기후변화팀의 일원으로 참여한 주한 영국 대사관의 강해나 선임기후에너지정책담당관을 만나, 한국에 있지만 한국 밖의 시각으로 바라본 기후변화의 글로벌 현장을 함께 들여다본다.

# 기후변화를 푸는 열쇠,
## 연속성과 독립성 필요

영국의 외교부에는 기후변화 외교 담당(Attache) 네트워크 그룹이 있으며, 주요국가들에 기후변화 업무만을 담당하는 팀을 두고 있다. 주한 영국 대사관 강해나 선임기후에너지담당관은 그 팀의 일원으로 주한 영국 대사관의 기후 에너지 정책을 담당하고 있다. 보통 다른 국가 대사관의 경우 경제, 무역 팀에서 기후 에너지 업무를 일부 담당하는데, 영국은 특이하게도 기후변화 정책이나 에너지 정책만을 담당하는 부서를 각국 대사관에 따로 두고 있다. 영국이 전 세계적으로 기후변화 정책을 선도하는 국가다 보니, 한국과의 정책 협력과 한국 내의 다양한 기관들과의 협력을 추진하고 있다고 볼 수 있는 대목이다.

제26차 UN 기후변화회의(COP26)의 의장국이었던 영국의 중점 목표를 살펴보면, 우선 IPCC(기후변화에 관한 정부 간 패널) 보고서에 나온 '지구 온도 상승 1.5도 제한'이라는 과학적 목표 달성이다. 이를 위해 단순히 탄소 배출이나 환경오염 문제뿐 아니라, 경제 사회 구조의 녹색 전환에 무게를 두었다. 구체적으로 한국을 비롯한 전 세계 국가들이 국가별 감축 목표(NDC: Nationally Determined Contributions)를 상향하고 탄소 중립(Net Zero)을 설정하는 공동의 목표를 위해 각 산업별 목표, 다시 말해 교통 부문에서 내연 기관차를 더 이상 만들지 말고, 석탄 발전 대신 재생 에너지를 늘리고, 금융이 녹색 부문에 더 많이

일하는 사람들의 기후변화

투자하게끔 관련 정보 공개가 될 수 있게 하는 것 등이다. 그리고 자연기반 솔루션으로 생물 다양성 또한 중요하다. 기후변화 대응을 위한 경제, 사회 전환 과정에서도 적응과 더불어 이 부분이 중요하게 고려되어야 한다는 목표도 있다.

강해나 선임기후에너지담당관은 영국의 글로벌기후변화팀 최전선에서 일하고 있어 각국의 다양한 사람들과 만난다. 영국은 2021년 제26차 UN 기후변화회의(COP26) 의장국으로, 한국 정부를 비롯해서 기업, 국회, 지방 정부들과 긴밀하게 협업했고, 한국 내 다른 대사관이나 국제기구와도 기후 행동 강화를 위해 함께 일했다.


기후변화에 대해서 영국 입장도 많이 알고, 한국에 대해서도 많이 아는
중간자적 입장인데, 한국과 영국의 차이점을 많이 느끼시나요?

영국 같은 경우는 기후변화법 제정이나 기후변화 위원회 설립이 한국보다 약 10년 정도 앞서 있다 보니 기후변화 관련 정책적 방향을 선도한다고 할 수 있습니다.

한국은 5년마다 정부가 바뀌면서 정책이 바뀌는 경우가 있습니다.
예를 들어 재생 에너지를 중요시했다가, 지금 다시 원전에 중점을 두고 하는
식으로 말이죠. 영국의 정책 결정 과정은 어떤가요?

영국의 기후변화 위원회는 독립적으로 운영되어서 정권에 상관없이 연속성을 가지고 기후변화 의제와 정책을 끌고 갈 수 있다는 점이 다르다고 볼 수 있어요. 물론 정권에 따라 중요도의 차이는 있을 수 있겠지만, 기후변화에 대한 인식과 관련해서 탄소

중립으로 가야된다는 국가적 공통된 목표는 변함이 없습니다.

한국의 경우, 일반 대중의 삶에 기후변화나 에너지 전환, 재생 에너지냐
원전이냐 등의 문제가 좀 피상적이고 구체적으로 다가오지 않는 경우가 있습니다.
영국의 경우, 일반 대중은 기후변화를 어떻게 느끼고 있고,
이를 이끌기 위한 리더십은 어떤가요?

교육 부문에서 한 가지 척도를 말씀드릴 수 있을 것 같습니다.
영국은 기후변화 교육이 굉장히 중요한 부문을 차지해서 어렸을
때부터 이에 대한 인식을 쌓을 수 있게 하고 있어요. 다른 한 가
지는, 예를 들어 소비자들이 슈퍼마켓에서 물건을 살 때 제품의
탄소 발자국(Carbon Footprint: 제품 생산과정에서 발생한 탄소량)을 쉽
게 확인할 수 있고, 더불어 기업에게 기후변화에 대응하라는 요
구, 제품 생산에 재생 에너지를 사용하고 이런 기업에 금융기관
이 투자해야 한다는 목소리를 내는 등 소비자가 직접 행동으로
옮길 수 있는 환경을 제공합니다.
한국은 최근 기후 재난 등에 대한 관심이 높아지고, 청소년들 또
한 거리로 나와 기후변화에 더욱 적극적으로 대응해야 한다는
한목소리를 내는 것을 보면, 대중의 인식도 변화하고 있다는 것
으로 보입니다.

일하는 사람들의 기후변화

한국은 정부 별로 정책도 달라지고, 일부 정책 전문가 그룹이나
시민·사회단체에서만 기후변화 의제를 다루고 있고, 실제 기후변화에 따른
경영 환경 변화에 적응해야 하는 기업들은 또 하나의 규제로 인식하고 있습니다.
다양하고 다른 이해를 가지고 있는 사회 구성원들을 공동의 목표로 이끄는
영국의 원동력은 무엇일까요?

> 저는 정부의 일관된 정책이 우선 구축되어야 한다고 생각하는데, 그걸 가능하게 했던 게 기후변화위원회와 탄소 중립 목표 관련 법률이라고 생각합니다. 이렇게 한결같은 정책 목표와 방향성이 투명하게 있다면, 기업이든 다른 사회 구성원들도 같이 따라갈 수밖에 없는 환경이 된다고 생각해요. 그리고 기후변화는 환경 문제를 넘어 결국 경제 문제이기 때문에 모든 사회 구성원이 중요하게 인식하고 행동해야 한다는 프레임이 설정된 것이지요.

한국은 재생 에너지, 태양광이나 풍력 발전을 늘리고 싶어도
실제 설치 장소가 부족하고, 농민, 어민 등 지역주민의 반대에 부딪혀
'사회적 수용성'이 낮은 게 현실입니다. 전력 생산에서 지금까지 중요하게
여겨졌던 석탄 발전을 빠르게 폐지해야 하는 어려운 여건인데,
영국은 어떤 과정을 겪었나요?

> 영국은 지금 석탄 발전이 2%도 안되지만, 빠르게 에너지 전환을 하는 과정이 쉽지 않았습니다.
> 예를 들어, 지금 영국의 주요 전력 생산원인 해상 풍력 사례를 보면, 사업 추진에 있어 지역 어민들과 협상을 해야 하고, 예상되는 문제를 해결하기 위한 태스크포스 워킹 그룹을 만들어서 주기적으로 소통하고 있고, 종합적이고 체계적으로 대응하고 있는 것으로 알고 있어요.

# 영국,
## 산업혁명 넘어 기후 혁명으로

영국은 기후 산업(Clean Tech)을 발전시키기 위해 다양한 노력을 기울이고 있다. 예를 들어, 재생 에너지의 경우, 풍력 발전 기술 개발뿐 아니라, 법, 제도, 규제적 측면에서 좀 더 신속한 신청과 허가를 통해 풍력 발전 산업을 육성하는 측면에서 좀 더 앞서 나가고 있다. 더불어 금융, 그린 파이낸스 분야로, 기존의 화석 연료에 투자하는 회색 금융에서 녹색 비즈니스에 투자하는 녹색 금융으로 전환을 촉진하는 규범을 만들고, 정보 공개를 투명하게 하고 투명한 정보 데이터에 기반한 시스템을 만들고 있다. 이를 위한 녹색 투자 은행(Green Investment Bank)도 이미 10년 전에 만들어졌다.

그렇다면, 국제적으로 영국의 기후변화 리더십 관련 활동은 무엇이 있을까? 전통적으로 영국은 ODA(국제 개발 원조)를 통해 개발도상국의 기후변화 대응을 지원하고 있다.

작년 영국 글라스고에서 열린 제26차 기후변화회의에서는 의장국으로서 파리 협약의 실행에 중점을 두고, JETP(Just Energy Transition Partnership: 공정한 에너지 전환 파트너십)와 같이 개발도상국을 위한 이니셔티브를 통해 세네갈, 베트남, 인도네시아, 남아공, 인도 등에 좀 더 많은 기금을 투자해 그린 에너지 인프라로의 전환을 돕고 있다. 또한, 한국에 본부를 두고 있는 녹색기후기금(GCF: Green Climate Fund)

에도 2019년 기존 공여액의 두 배인 14억 파운드를 기여하기도 했다.

영국을 비롯한 선진국은 화석 연료 사용을 통한 산업화로 경제를 발전시켰기 때문에, 기후변화에 대한 역사적 책임에 대한 비판을 받고 있는 것이 사실이다. 이에 대해 개발도상국들은 최근의 기후 재난에 따른 손실과 피해(Loss and Damage)의 보상을 기후변화 협상의 공식적 의제로 논의하길 요구하고 있다.

'모두가 안전할 때까지 누구도 안전하지 않다'라는 것이 현재 전 세계 기후변화 문제의 본질이기 때문에, 기후변화에 대한 책임은 역사적일 뿐만 아니라, 현재 전 세계 모든 국가가 각자의 역할과 능력에 따라 분담해야 하는 현재 진행형의 책임이기도 하다.

영국 시민들 경우, 친환경 제품에 대한 소비, 그리고 깨끗한 자원을 통해 생산된 전력에 대해 더 높은 비용을 지불할 마음이 있나요?

개인별 선택의 문제지만, 영국 같은 경우 재생 에너지로 생산된 전력이 기존 화석 연료보다 가격 경쟁력이 더 나아진 상태이기 때문에, 경제적 관점에서도 더 나은 선택이라 자연스럽게 받아들이고 있습니다. 이러한 변화를 보면 친환경적 선택을 단순히 개인의 환경적 책임으로 돌릴 게 아니라, 경제 시스템을 바꾸고 이를 위해 정부, 정책, 정치가 역할을 해야 한다고 생각합니다.

영국은 복잡한 문제를 단순화해서 표준화하고, 이를 바탕으로
글로벌한 부가가치를 더한 서비스를 만드는 일에 뛰어난 것 같아요.

좀 더 구체적으로 탄소 공개 프로젝트(CDP: Carbon Disclosure
Project), RE100 이니셔티브(기업의 재생 에너지 100% 사용), 탈 석탄 동
맹 등이 있어요. 물론 영국이 처음에 주도적으로 발족한 이니셔티
브들도 있지만, 기후변화는 범지구적 문제이기 때문에 글로벌한
참여를 요구하고 파트너십을 추구하고 있어요. 기후 금융 관련해
서는 녹색 금융 전략, 기후 관련 금융 정보 공개 태스크포스(TCFD:
Taskforce on Climate-related Financial Disclosures), 녹색 금융 인스티
튜트(GFI: Green Finance Institute) 등을 참고하시면 될 것 같아요.

영국의 또 하나 강점이 'Education UK'라는 캐치프레이즈에서도 볼 수 있듯 전
세계적으로 인재들을 유치하고 뛰어난 교육 환경을 제공하고 있는 점인데,
기후변화, 환경, 에너지, 지속 가능성 분야에서 영국의 교육 환경은 어떤가요?

영국은 기후변화를 국가적인 의제로 빠르게 설정하고, 실제로 경
제성장과 온실가스 감축의 디커플링(비동조화)을 실현한 국가이기
때문에, 이를 뒷받침하는 인력에 대한 교육과 육성 환경을 다양
하게 갖추고 있어요. 케임브리지대학교, 옥스포드대학교뿐 아니
라, 런던정경대학(LSE)의 그랜섬 기후변화 및 환경 연구소(Grantham
Institute)와 같이 세계적인 기후변화 관련 고등 교육 기관이 있고, 3,
4주짜리 단기 코스를 통해 기후 금융 전문 교육을 제공한다든지
하는 다양한 옵션이 있어요.

일하는 사람들의 기후변화

영국에서는 기후변화의 경제적 분석에 대한 연구가 일찍부터 있었습니다. 기후변화의 경제학(Stern Review)은 이미 2006년에 나왔는데, 한국 버전의 기후변화의 경제학, 즉 한국이 탄소 중립을 달성하는데 필요한 투자와 이를 통한 이익 등을 분석한 연구 프로젝트를 지원했어요.

그리고 한국 기업 대상으로는 재생 에너지 100% 사용을 위한 기업의 RE100 이니셔티브 가입, UN 기후변화 캠페인인 Race to Zero 참여 등을 홍보하고 논리적으로 설득하기 위해 영국 대사관이 지원한 연구 프로젝트의 결과 등이 활용되고 있습니다.

마지막으로, K팝 걸그룹 블랙핑크를 섭외해 작년 영국이 의장국이었던 글라스고 기후변화회의의 글로벌 홍보대사(Global Advocate)로 활동하게도 했었지요. 유명인사들이 기후변화의 심각성을 알리고, 이를 위한 모두의 동참을 홍보하는 것은 예상보다 큰 효과가 있고, K팝이 전 세계 젊은 세대에게 미치는 영향을 봤을 때, 좋은 성공 사례라고 볼 수 있어요.

# 기후변화 책임은
## 전 세계가 분담해야 할 필수적 의무

강해나 선임기후에너지담당관은 학부에서 정치학을 전공하고, 주방 글라데시 한국 대사관을 시작으로, 환경 정책·평가 연구원, 세계자연 보존기금(WWF) 한국 본부를 거쳐 현재에 이르렀다.

기후변화에 관련해서 관심을 가지게 된 것은 방글라데시에 있었을 때부터라고 한다. 학부 졸업 후 개발도상국에서 일해 보고 싶다는 생각으로 방글라데시를 선택하게 되었다고.

방글라데시는 기후변화의 영향을 실질적으로 받는 곳인데, 몬순기후 영향으로 홍수가 자주 발생하고 수질 관리가 잘되지 않아 인명 피해가 많았다. 기후변화로 인해 물 관리가 잘되지 않으면, 식중독 등으로 아동이나 여성의 피해가 상대적으로 많아지고, 이에 대한 책임이 여성에게 전가되는 경향이 있다는 것을 알게 된 강해나 선임기후에너지담당관은 기후변화가 젠더와 관계있다는 것을 깨닫게 되어 그후, 영국 런던에 있는 런던정경대학(LSE)에서 젠더 정책을 전공하기도 했다.

환경 정책·평가 연구원에서는 기후변화 적응 관련 업무를 했는데, 개발도상국 입장에서는 온실가스 감축보다, 현재 그리고 미래의 기후변화로 인한 환경 변화와 피해에 적응해야 하는 문제가 더 실질적인 문제라는 것을 알게 되었고, 세계자연보전기금(WWF) 한국 본부에

일하는 사람들의 기후변화

서 일하면서는 기후변화 문제에 기업의 역할이 굉장히 중요하다는 점을 깨달았다고 한다. 이러한 다양한 경험을 통해 기후변화에 대응하는 것이 단순히 기업의 사회적 책임(CSR: Corporate Social Responsibility) 차원이 아니라, 기업의 성장 전략 차원의 전환이 될 수 있을까라는 질문을 많이 하게 됐고, 현재 영국 대사관에서 일하면서 지금까지 보고 느꼈던 여러 사례들을 많이 접목해 보고 어떤 기후변화 정책을 지원하는 것이 가장 이상적일까 하는 고민을 하고 있다고 밝혔다.

영국은 지난 역사적으로 보면, 세계적인 표준을 만들고 리더십을 발휘한 역사적 경험이 많은데, 기후변화, 탄소 중립, 지속 가능성 분야에서도 세계적인 중심축(Hub)으로서 지적 리더십(Thought Leadership)을 발휘하고 있다. 한국은 지난 세기 빠른 산업화의 유산으로 기후변화에 대응하기 어려운 중화학 공업과 에너지 다소비 산업인데 반해, 영국은 산업혁명의 부침을 거쳐 녹색 기술과 지식 서비스를 핵심으로 미래 기후변화 탄소 중립 시대에도 경쟁력을 발휘할 수 있는 산업 포트폴리오로 앞서 전환하고 있다.

이제 좀 더 시각을 밖으로 돌려, 밖에서 바라본 한국의 현재와 전 세계 미래 세대가 함께 살아갈 우리의 모습을 함께 더 고민할 수 있는 변곡점이 필요한 시점이다.

현재 주한 영국 대사관에서 기후에너지정책담당관으로 일하면서
한국과의 협력 교류 사업으로 추진한 업무는 무엇인가요?

최근 예를 들면, 한국 국회에서 한국의 탄소 중립을 위한 기반을
갖추기 위해 탄소 중립 녹색 성장 기본법을 제정했는데, 그 과정
에서 영국이 기후변화법을 만든 경험을 벤치마킹하기 위한 활동
도 있었고, 한국의 에너지 전환 추진 관련해 영국의 관련 부처,
기업들과의 교류 수요도 있었어요.

2021년 영국 글라스고 기후변화회의를 준비하면서
영국 외무부와 각국의 글로벌 팀과 일하면서 느꼈던 점이 있을까요?

기후변화회의를 준비하는 과정에서 다양한 주체들을 통해 다양
한 이니셔티브가 만들어지는 과정을 지켜볼 수 있었기에 개인적
으로 시야가 넓어진 경험이었습니다. 지난 10여 년 기후변화 문
제를 보아 오면서 굉장히 빠르게 사람들의 인식이 변했다는 것
을 다시 실감했고, 기후변화가 세상의 관심을 받은 과정에서 하
나의 역사적인 순간을 같이 경험할 수 있었어요.

글라스고 기후변화회의 이후,
최근 주목할 만한 영국의 기후변화 정책은 어떤 것이 있나요?

영국의 넷 제로 전략이 나온 이후 크리스 스키드모어(Chris
Skidmore) 의원은 본 정책에 대한 독립적 리뷰인 넷 제로 리뷰를
발행했어요. 본 리뷰에서는 기업의 역할, 인프라의 사용, 에너지
효율 주택 제공 등을 포함한 129개의 권고안을 제시하며, 넷 제
로 전환으로 인한 영국의 경제적 기회 포착에 초점을 맞추고 있
죠. 스키드모어 의원은 2023년까지 영국의 국제 리더십에 대한

일하는 사람들의 기후변화

전략적 검토를 수행하고, 향후 자유무역협정에서 환경 및 기후 보호를 위한 기준선을 설정하며, 환경 상품과 서비스에 대한 무역장벽을 제거하는 것을 권고하고 있어요.

한국과의 활동을 통해 한국이 2050년 탄소 중립을 달성할 수 있을지,
또 이를 위해 무엇을 해야 할지 조언을 해주신다면 무엇이 있을까요?

전 세계적 위기였던 코로나 팬데믹에서 기후변화에 대해 우리가 무엇을 해야 하는지 교훈을 얻을 수 있을 것 같아요. 코로나 팬데믹이 발생했을 때, 정부는 코로나 방역을 위해 모든 국가적 역량을 투입하고, 개인은 마스크를 쓰는 등 개인 차원에서 할 수 있는 예방 조치를 하고, 기업은 백신을 개발하기 위해 엄청난 연구개발비를 투자했거든요.

기후변화에 대응하기 위한 2050년 탄소 중립 목표 달성도 코로나 대응처럼, 2050년까지 아직 시간이 남았다는 인식보다는 지금 당장, 할 수 있는 최선의 역량을 사회 각 주체가 투입해야 하는 문제이지, 가능하다 불가능하다 여부를 판단할 문제는 아니라고 생각해요.

기후변화에 관심이 높아지고 있는 요즘, 기후변화나 국제 협력 쪽 분야에
관심 있는 젊은 세대에게 추천해 주고 싶은 책이 있을까요?

『다스굽타 리뷰』라는 생물 다양성의 경제학(The Economics of Biodiversity: The Dasgupta Review)입니다. 기존 기후변화의 경제학이라는 책에서는 경제 성장에 기후변화도 필수적으로 고려해야 한다는 점을 강조했는데, 이 책에서는 생물 다양성 또한 경제 성장의 중요한 요소로 반영해야 한다는 내용이에요. 현재의 경제

성장은 생물 다양성의 파괴가 충분히 반영되지 않았다는 것이
이 책의 메시지죠.

그리고 기후변화 관련 국제 협력 업무는 트렌드를 빠르게 파악
하는 능력이 굉장히 중요한데, 제가 추천한 『다스굽타 리뷰』 같
이 현재의 주요 이슈를 빨리 발견하고 파악하고 대응 방안에 대
해 고찰해 보는 노력이 필요할 것 같아요.

일하는 사람들의 기후변화

주한 영국 대사관 선임기후에너지담당관

# 강 해 나

세계자연보전기금(WWF), 한국기후변화적응센터, 아시아·태평양 경제
사회이사회(UNESCAP), 방글라데시 다카 주재 한국 대사관을 거쳐 현
재 주한 영국 대사관의 기후 및 에너지 정책 선임담당관으로 일하고
있다.

기후 행동을 촉진하고 넷 제로(Net zero) 경제로의 전환을 가속화하는
데에 10년 이상의 경험을 가지고 있고, 제네바 대학원(IHEID)과 런던
정경대학(LSE)에서 인류학/사회학 및 젠더 정책으로 석사 학위를 받
았다.

필자는 15년 전쯤 스위스 체르마트에서 CNN을 통해 본 기후변화 총회 영상과 그 속의 반기문 당시 유엔사무총장의 모습을 아직도 생생히 기억하고 있다. TV 뒤 창밖으로는 알프스의 상징과도 같은 눈 덮인 마터호른 산이 그림과도 같이 보였다. 지난 겨울, 유럽 알프스에서는 눈이 충분히 내리지 않았고, 초록색이 대부분인 생경한 스키 슬로프 사진을 친구들에게 전달받기도 했다. 비현실이 현실이 되는데 그리 오래 걸리지 않았다.

매년 1월 눈 덮인 스위스 다보스에서 열리는 세계경제포럼(World Economic Forum)의 연차총회는 그해의 글로벌위험보고서(Global Risk Report)를 통해 전 세계가 직면한 가장 큰 위험 요인을 경고하고 있고, 언제부터인가 기후변화 대응 실패, 자연재해와 극한 기상, 환경 파괴, 생물 다양성 손실 등이 상위권을 차지하게 됐다. 위험은 이미 우리 곁에 와 있음에도 말이다. 경고음이 늦은 걸까?

어려운, 그리고 스마트한 질문을 던질 것. 과묵한 경영대학원 생활을 마치고 스위스 국제기구에서 일을 시작한 필자에게 미국인 보스가 내게 해준 조언이다. 아직 부족하고 아는 것이 없더라도 항상 고민하고 좀 더 스마트한 질문을 던지려고 시도해 볼 것, 그것은 나를 포함한 생활인들에게 언제나 숙제이다. 하나 만이 아닌 답이 존재하는 세상에서 그 과정은 충분히 의미가 있다.

그래서, 이 책에서도 질문을 던져 보기로 했다. 그리고 그 과정을 통해 필자 또한 많이 배웠다. 어찌 보면, 필자는 인터뷰이들의 지식, 경험, 그리고 혜안을 그저 잠시 빌리는 역할을 했을 뿐이고, 그 과정을 기록하는 과정에서 생긴 오류는 오롯이 필자의 몫이다. 독자들을 위한 그들의 너그러움에 이 자리를 빌어 다시 한번 감사의 마음을 전하고 싶다. 또한, 항상 배려와 성원으로 오랜 기간 필자를 응원해 주시는 추천인 여러분들께도 같은 마음을 전하고자 한다. 그리고, 초보 필자를 여기까지 든든한 페이스메이커가 되어 이끌어 주신 크레파스 북 여러분과 공저자분께도 감사의 마음을 전한다.

위기 속에는 항상 기회가 같이 존재한다고 한다. 우리는 이미 기후 변화라는 폭풍을 온몸으로 느낄 수 있고, 언제나처럼, 그 폭풍을 온 몸으로 뚫고 지날 것이다. 단지 좀 아주 긴 시간이 될 것이고. 그리고 언젠가 그 폭풍이 잠잠해졌을 때, 다음 세대는 지금과는 다른 세상에서 살고 있을 것이다. 그 세상이 좀 더 많은 이에게 기회와 희망을 줄 수 있기를 기대해 본다.

마지막으로 그런 기회와 희망을 필자에게 주기 위해 헌신하셨던 부모님께 존경과 감사를 전한다.

2023년

## 김 정 환

이 책의 기획이 시작된 것은 코로나19 팬데믹이 한창이던 2021년 여름이었다. 학생들 진로지도는 물론 시민들의 기후변화에 대한 관심을 높이기 위한 안내서를 냈으면 하는 생각을 하던 차에 공저자인 김정환 박사와 의기투합을 하였다. 필자는 저자들이 언론과 농업, 경영과 국제부문 등 각자 나름의 전문영역을 가지면서도 폭넓게 활동해온 만큼 인터뷰이들의 선정과 섭외, 진행이 짧은 시간에 비교적 수월하게 진행될 것이라는 판단하였다.

하지만 생각과 달리 진척이 더뎠다. 그해에 출간하기로 한 목표를 이루지 못했다. 업무 스타일이나 성격, 살아온 이력이 다른 두 사람이 서로를 잘 알지 못하는 상태에서 수직적인 관계가 아니라 수평적 위치에서 공동 작업을 하는 것은 쉽지 않은 일이었다. 초기에는 인터뷰이를 만나는 작은 부분에도 이견이 있었다. 글을 풀어가는 방법 차이가 있었음은 물론이다. 지금 와서 보니 시간이 필요한 일이었다. 아주 교과서적인 얘기지만 지속적인 대화와 상대방 입장에 대한 배려와 이해가 매우 중요하였다. 그리고 마침내 이번에 책을 출간하게 되었다.

가장 값지게 생각하는 것 중 하나는 혼자가 아닌 다른 사람과 힘을 합쳐서 목표를 이뤘다는 것이다. 또 여러 과정을 통해 상대방을 이해하고 내 스스로 성장할 수 있었으며, 그 열매로 매우 좋은 친구를 얻었다는 점이다. 공저자인 김정환 박사에게 감사한다. 또 바쁘신

와중에도 시간 내어 인터뷰에 응해주시고 마지막까지 내용을 꼼꼼히 살펴주신 인터뷰이 열두 분께 감사드린다.

공부란 하면 할수록 모르는 것이 훨씬 더 많아지는 것이란 것을 느끼며, 두 분의 선생님을 떠올린다. 필자를 처음 기후변화 학문 영역으로 이끌어주시고 학문의 기본을 가르쳐주신 교수님, 기후 위기 극복을 소명이라고 생각하시는 평생 스승 전의찬 교수님께 감사한다. 또 전 과정 사고를 통해 학술의 세계에 눈을 번쩍 뜨게 해주신 김익 지도 교수님께 감사드린다. 출판과정에서 아낌없는 조언을 해주신 갈마바람 이제용 대표님, 정희정 박사님, 정미숙 선생님과 기꺼이 추천사를 써주신 김호 (사)한국기후변화학회장님께도 깊은 감사 말씀드린다.

책은 저자들의 노력만으로 만들 수 없다. 출판의 여러 장인들의 손에 의해 다듬어지고 예쁘게 화장을 해 독자들에게 선보인다. 어려운 출판계 상황에서도 출간을 허락해주신 크레파스북 출판사에게 감사한다.

이 책이 모쪼록 시대적 과제인 기후 위기로부터 우리 삶을 지켜나가는데 작지만 일조하길 바란다.

2023년
송 찬 영